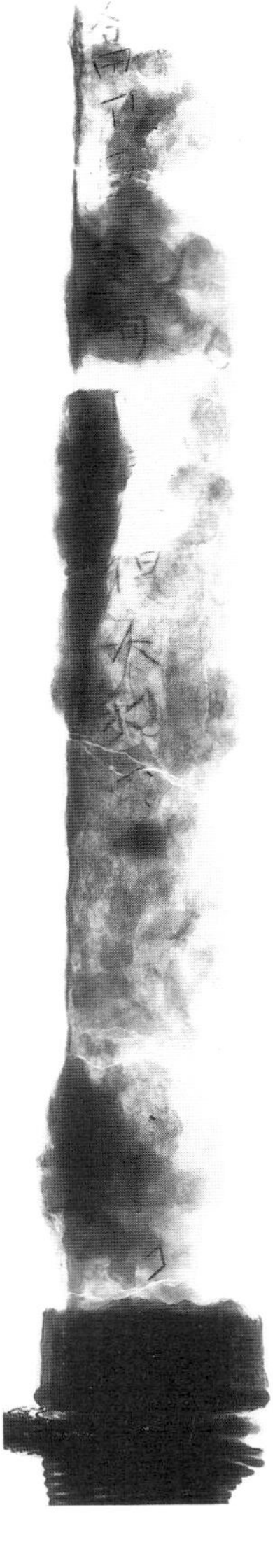

岡田山一号墳出土銀象嵌銘大刀X線写真

各田卩臣□□□素□大利□

額《ぬか》田《た》部《べの》臣《おみ》□□□素□大利□

太安万侶墓誌

左京四條四坊従四位下勲五等太朝臣安萬侶以癸亥年七月六日卒之　養老七年十二月十五日乙巳

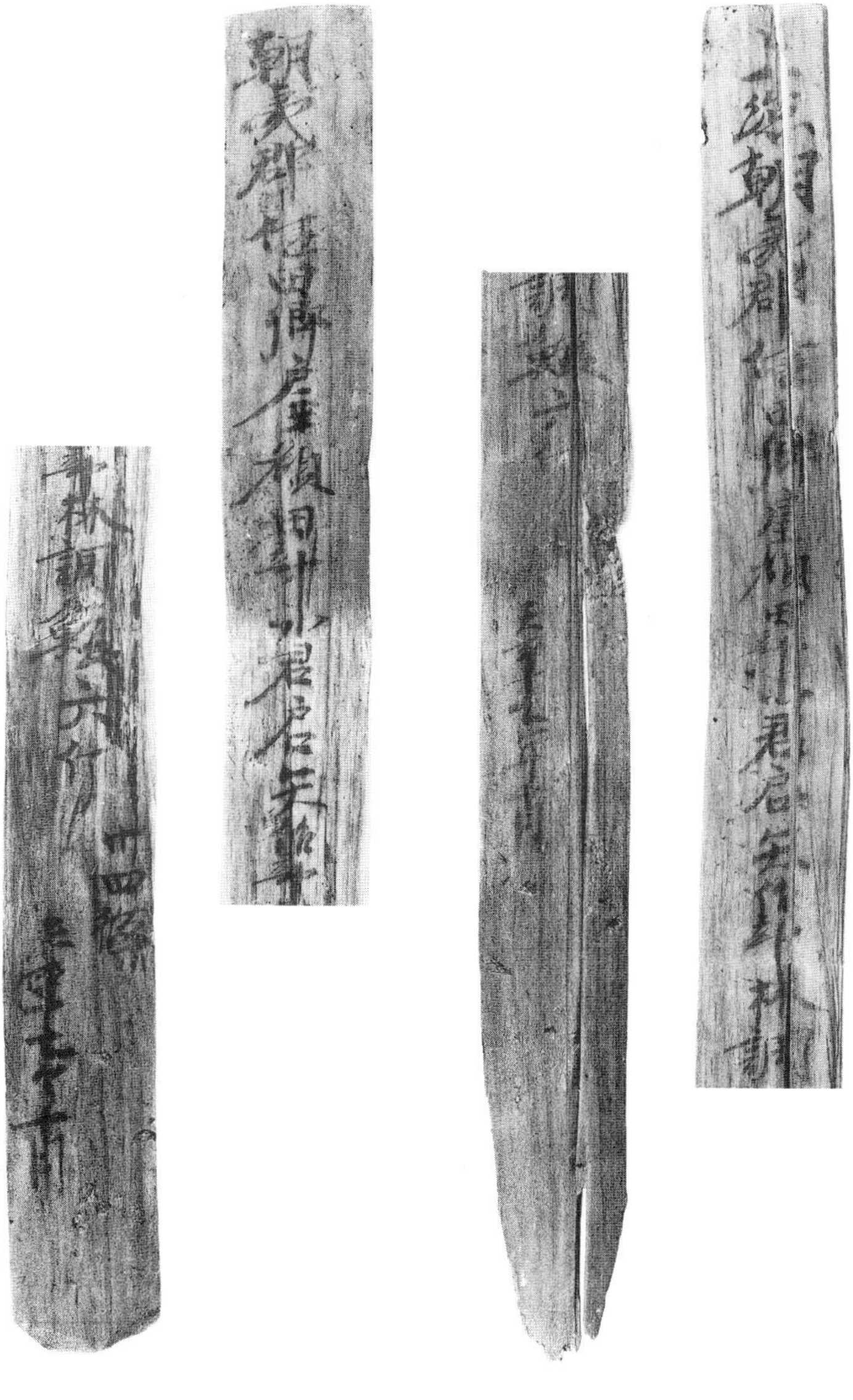

平城宮木簡上総国朝夷郡の荷札（額田部氏の人名が記されている。本文九ページ参照）

物部・蘇我氏と古代王権

歴史文化セレクション

黛　弘道

吉川弘文館

目次

〈写真提供〉
岡田山一号墳出土銀象嵌銘大刀X線写真（島根県教育委員会）
太安万侶墓誌（文化庁保管）
平城宮木簡上総国朝夷郡の荷札（奈良国立文化財研究所許可済）

序　古代王権の成立

1　額田部臣と推古天皇

額田部臣の氏姓が　きょうは古代王権の成立について、私の思いつきも交えてお話をいたしたいと思います。

それで、まず話のきっかけでございますが、皆様ご承知の島根県松江市の岡田山一号墳から出土いたしました大刀の銘文のことから始めたいと存じます。大刀自体は考古学の分野に属する問題でありますが、銘文がございますので、われわれ文献史学者にも深いかかわりがございます。まずこれを話のきっかけにいたしたいと思います。

この大刀は大正四年（一九一五）に発掘されまして、まもなくすぐ近くの六所《ろくしょ》神社に奉納され、保管されておりました。戦後は、八雲《やくも》立つ風土記の丘資料館に寄託されまして、近年までそこで保存されておりましたが、大変銹《さび》の進行が著しいので、奈良の元興寺《がんごうじ》文化財研究所にその保存処理を依頼したわけであります。そのときにX線をかけますと、例の稲荷山古墳（埼玉県）の鉄剣銘と同じように、また偶然銘文が発見されたのでありますが、昭和六十一年（一九八六）の一月七日その内容が正式に発表されまして、新聞、雑誌などで報道されたのであります。

ご承知のように文字は十二字あると推定され、そのうち八字分は一応判読ができております。中間の五、六、七番目の三字と、最後の十二番目の一字がいまだに判読できておりませんが、それ以外は関係者の努力によって一応解読されているわけであります。

なお、中一日おきまして一月九日には、兵庫県の八鹿町《ようかちょう》の箕谷《みいだに》古墳出土の大刀の銘が奈良国立文化財研究所の手によって解明されました。

このように相次いで山陰地方から銘文のある大刀が発見され、われわれを大いに刺激しましたが、このことがきっかけで古代の大和と山陰地方との関係、あるいは広く日本海文化、こういうものの再検討の機運が著しく刺激されることになったわけであります。なかんずくこの岡田山一号墳出土の大刀銘は、最初の四文字がヌカタベノオミという古代の氏姓《うじかばね》を記したものでありまして、大和政権を中心とする古代国家の形成をうかがうべき好史料として、文献を中心に歴史を研究している者にも大変興味のある史料であります。

ご承知のように、このヌカタベノオミのヌカという字は本来なら額縁の額という字ですが、画を省いて各という字になっております。部という字も旁《つくり》のほうを簡略に記してありますから片仮名のマとかアというような字に近い表記法をとっております。いずれにしても、額田部臣という氏姓が銘文に見えることは、歴史的に大きな意味を持っているわけであります。

古墳築造はいつ？ まず、この岡田山一号墳はいつごろの古墳であるかということですが、これまたご承知と思いますが、一緒に出ましたさまざまな副葬品から、だいたい六世紀後半の築造と推定されております。ですから素直に考えますと、それより少し前にこの大刀の銘文は彫られて、六世紀後半に葬られたということになるわけでありまして、大ざっぱに言って、大刀の銘自身も六世紀後半のものと考えてよかろうと思います。

ただ、問題になるのは、この額田部の額という字をこういうふうに画を省いて用いるとか、部という字も片仮名のアとかマみたいに書くという習わしは、今までの実例から言いますと奈良時代のことなのです。六世紀後半という古い時代に、そういう書き方があったかどうかについては多少の疑問がございまして、この銘文自体の彫られた年代をもう少しあとに下げたらいいのではないか、たとえば七世紀くらいに考えるべきではないか、という意見もあります。

いっぽう、この銘文十二字のうちの九、十、十一番目の三文字につきまして、これをイタリと読み、イというのは伊東さんなどという伊ですね。それからタは大きいという字、リは利益の利というふうに判読し、例の熊本県の江田船山古墳の大刀銘に出てくる作刀者の名前と同じであるとみて、また、文字のつたなさもそれにふさわしいと見まして、この銘文を五世紀までさかのぼらせる意見もございます。

でありますから、オーソドックスに古墳築造年代とパラレルで（平行して）六世紀後半だという意見のほかに、七世紀まで下げるべきだという意見もあれば、五世紀まで上げてもよいのだという意見もあります。

このような問題については、われわれ文献史家はなかなか判定を下しにくいのでありますが、まあ、後世追葬したというような可能性も絶無といえませんが、やはり古墳が造られた六世紀後半を、あまりさかのぼらないころの銘文と一応解釈したうえで、これからのお話を進めたいと思います。なお、六世紀後半という年代判定について、将来動くことがあればまた話は別でありますが、きょうは一応六世紀後半ということで、これから先の話を進めてまいりたいと思います。

大刀の銘は何を　この岡田山一号墳の大刀の銘がなぜ問題になるか。わずか十二文字、そのうち八文字しかわからないのに、なぜ問題になるかということについては、いまお話ししましたように、額田部臣という氏姓が記されているからであります。

まず第一に、この「部《べ》」なるものは大和政権が人民を支配するために導入した、ないしは編み出したシステムの一つでありまして、この部の制度をうまく運用して全国の統一を成し遂げるのですから、いわば、大和政権成立のキーポイントになるものであります。それから「臣《おみ》」という姓《かばね》は、稲荷山鉄剣銘にもヲワケノオミ（乎獲居臣）と出てきますが、その場合の臣は必ずしも氏に付随した姓とはいえない、ヲワケという人物の敬称のように思われます。しかし、ここのヌカタベノオミは明らかに氏姓であって、この下にたぶん具体的な名前がくるのではないかと思われるのであります。このように部というものと臣という姓とがセットになっているということのなかには、古代大和政権成立のポイントになる重要なカギが秘められているように思われます。

それからもう一つ注目されたのは、この岡田山の所在地出雲国意宇郡の西隣の大原郡の郡の役人が『出雲国風土記』によりますと、額田部臣であることです。隣り合わせで、同じ郡ではないのですけれども、ごく近くにそういう豪族がいたことが奈良時代の風土記には見えているわけです。これとの関係はどうなのかということも興味ある問題であります。

さて、一般になにがし部の臣といった場合、そのなにがし部というのは人民を一つの集団として支配する仕組みであって、臣などという姓を持っている人は、そのなにがし部を統率する豪族であることを示しております。つまり、額田部臣は、額田部という部の民を統率する豪族であるということになります。

それでは、額田部という部はどういう部であるかと申しますと、たまたま当時実在した天皇に推古天皇がおりますが、推古天皇は五五四年に生まれて、六二八年に亡くなった人物であります。つまり、岡田山一号墳が築造されたころには疑いもなく実在した人物であります。この推古天皇の実名を額田部と申します。でありますから、推古天皇のために設けられた部が額田部だということになろうかと思います。そうしますと、額田部臣というのは、当時実在した額田部皇女、のちの推古天皇のためにさまざまな課役を負担する人民の集団である額田部を出雲の現地において統率・管理するよう命じられた豪族、こういうことになるのであります。

大和と出雲の関係　もしそう考えることができるといたしますと、六世紀後半、すでに大和政権の支配機構に組み込まれた豪族が、この出雲地方には存在したということになるわけでありまして、すでに大和政権の力は出雲地方に及んでいたといわなければならないのであります。言葉をかえますと、出雲はすでに大和に服属していたということになるわけであります。

従来、文献史学のほうでは、さまざまな文献を操作して出雲が大和に服属したことが推定されておりますけれども、それらの根拠は、たとえば『記紀』神話に見える国譲り神話であるとか、あるいは『出雲国風土記』にこの大和政権の支配システムである「部臣」などいう人物がいること、これらを根拠にしたわけです。ところが『出雲国風土記』というのは八世紀のもので、はたしてこれが七世紀、六世紀というふうにさかのぼるのかどうか、疑問を呈するむきも少なからずあったわけであります。

しかし、六世紀後半の銘文が見つかったということになれば、そのような制度が古くからあったことは明らかでありますから、今まで文献によって類推し、それをさかのぼらせて考えたことが事実であるとされるようになったわけであります。六世紀後半には部の制度があった。それから氏姓の制度も一応は成立していた。こういう結論に達するのであります。

そうは申しましても、こういう考え方に対していろいろ疑問を抱く研究者もあるわけであります。

このあたりは、出雲のほうを中心にものを考えるか、大和のほうからものを考えるか、という立場の相違もありましょうし、あるいは全体として、古代国家あるいは古代王権の成立過程をどう把握するか、という全体観にもかかわってくるわけで、簡単に決着がつく問題ではないと思いますけれども、私は大和が一応出雲を服属させたという立場をとっておきたいと思います。

さてさきほども申しましたが、六世紀後半の実在の人物として額田部皇女、のちの推古天皇がおりまして、そのための部が額田部であることはまず間違いがないでしょうから、この鉄剣銘と実在の人物の名前と年代が一致するというのは大変興味のあることだと思います。

額田部はいつから　ところで、次にこの額田部でありますが、これはいつ置かれたか、いつ設定されたか、これを考えてみたいと思うのであります。

推古天皇は諱《いみな》を額田部といったのですから、この額田部という部が推古天皇のための一種の財産であることには間違いないのですが、はたして推古のために初めてこれが設けられたでありましょうか。私はそうではないと思います。なぜならば、もし彼女のために初めて額田部が設けられたとするならば、彼女の本名は額田でなければ理屈に合わないからであります。

たとえば安康天皇は穴穂《あなほ》皇子と申しますが、この皇子のために設けられた部が穴穂部《あなほべ》であります。これは彼のために初めて設けられた部であるからよろしいのです。推古天皇の兄弟に、穴穂部皇子、あるいは穴穂部皇女という人がおりますが、これはかつてあった穴穂部を与えられたから穴穂部と名乗ったのであります。つまり、穴穂部は、初めてできたときは穴穂皇子のための部であった。後世その穴穂部を伝え領した人は穴穂部皇子、穴穂部皇女といったという理屈でありますから、推古天皇が額田部と称する以上、額田部はすでにあったと見なければなりません。

それでは、いつだれのために額田部は設定されたのでしょうか。そこで『記紀』をさかのぼりますと、応神天皇の皇子、仁徳天皇の兄弟に額田大中彦《ぬかたのおおなかつひこ》という名前が見えます。これは天皇にもなりうる有力な皇子であったと伝えられておりますから、たぶん、この皇子のために設定されたのが額田部だ、と推定して間違いではないと思います。つまり、額田部はまず大中彦のために設定され、大中彦のために課役を負担すべく義務づけられた人民の集団なのであります。後世、推古天皇は生まれたときに、この部を私有財産として与えられることによって額田部皇女と名乗った、こういうことではないかと思います。

欽明《きんめい》天皇の皇子、皇女には、推古天皇のほかにも部の名を称する皇子、皇女が何人かおります。たとえば石上部《いそのかみべ》皇子という名前が出てきます。あるいはさきほど申しました穴穂部皇子・皇女、それから泊瀬《はつせ》部《べ》皇子といった名前が見えます。

いま言った考え方からすると、石上部も穴穂部も泊瀬部もすでにあったものとしなければなりません。では、石上部というのは何か。これは石上広高宮《いそのかみのひろたかのみや》に天の下知ろしめしし天皇、仁賢《にんけん》天皇、たぶんこの天皇のために設定された石上部舎人《とねり》という名前がありますので、その石上部を伝領した皇子が石上部皇子であります。それから穴穂部は石上《いそのかみの》穴穂宮《あなほのみや》に天の下知ろしめしし天皇、すなわち安康天皇、諱は穴穂皇子、この皇子のために設定された部でありまして、この部をのちに伝え領した皇子、皇女がいたわけです。また泊瀬部皇子、すなわち崇峻《すしゅん》天皇の泊瀬部は、泊瀬朝倉宮《はつせのあさくらのみや》に天の下知ろしめしし天皇、すなわち雄略天皇のために設定された部でありまして、泊瀬部舎人などという名前が知られておりますが、崇峻天皇はその泊瀬部を伝え領した皇子と考えられるわけであります。

つまり、何々部の皇子、皇女という場合の何々部はすでに設けられていたもので、その皇子、皇女のために新たに設けられたものではないということになろうかと思います。

そうしますと、たとえば出雲に額田部臣がおり、文献には額田部の民もいたことがわかりますから、額田部の設定は六世紀後半などという新しい時期ではなくて、それよりは一世紀も古いということになるわけであります。なお、文献や、あるいは平城京などで出土する木簡などから見ますと、もちろんそれはいずれも八世紀の史料ですけれども、出雲の先の石見《いわみ》とか、それから隠岐といったところにも額田部はちゃんといるのであります。これらも、おそらくさかのぼればもう少し前から設定されたものだと見てよいのではないかと思います。

とにかく、すでに存在した額田部から大和政権の出雲への進出の時期を推定することができます。遅くとも五世紀半ば以降に額田部は全国各地に設定されるようになった。出雲でいつかということはちょっと断定はできませんが、その設定は大中彦の在世中でなければ意味がないわけですから、五世紀の中ごろには設定された可能性があるものと考えられます。

全国にある額田部　さて、次に今度は、ではそういう額田部というのは全国的にどの程度広がって存在するか。そういう広がりを見ることによって大和の大王権力の広がりを推測することができるのではないかと思います。

額田部の分布をいわゆる国別に眺めてみますと、畿内はもとより七道諸国、東海、東山《とうさん》、北陸《ほくろく》、山陰、山陽、南海、西海《さいかい》という七道諸国にまたがっていて、私の調べたところでは二十五ヵ国に存在します。畿内は大和、山背、摂津、河内、東海道は伊勢、尾張、三河、安房、上総、常陸、東山道は美濃、上野、北陸道は越前一国、山陰道は、いま申しました出雲、石見、隠岐、山陽道は播磨、備中《びっちゅう》、備後、周防《すおう》、長門、それから南海道は讃岐一国、西海道（九州）は筑前、豊後《ぶんご》、肥後というふうに二十五ヵ国にわたって分布しているのであります。

私はかつて推古天皇をはじめとする蘇我氏出身の諸皇子、諸皇女の部の分布状態を調べたことがありますが、トータルとして全国的にたくさん分布していることがわかります。そのうちでも推古天皇のための額田部がやはり圧倒的に多いんですね。これはたまたま今日残る史料で統計をとっただけですからずいぶん誤差があると思いますが、それにもかかわらず推古天皇の部が圧倒的に多いということは、彼女が兄弟のなかでもとくに重んじられた人物であることを暗示していると思われます。それから蘇我氏の血をひかない皇子、皇女の部は、ほとんど検出が不可能であります。これはまったく対照的なのであります。これだけで簡単に結論を出すのは無理かとも思いますが、しかし、蘇我氏の血をひく皇子、皇女たちが経済的に恵まれていたということは言えるのではないかと思います。

そういう諸皇子、諸皇女のなかで推古天皇は、ひときわ目立つ財産家であります。なぜそうなのか。私はそれを考えたことがありますが、おそらく蘇我氏は、稲目が二人の娘を欽明天皇のお妃に入れた、そして皇室の外戚となることに成功したわけですが、次にはそこに生まれた皇女を次の天皇の皇后にしようとします。この時代は皇后というのは皇族出身でなければだめですから、蘇我氏は自分の娘をストレートに皇后にすることはできません。そうなれば娘の産んだ皇女を皇后に立てる、これがいちばんの近道であります。推古天皇はそういう候補者として蘇我氏からとくに尊重され、子どものときからたくさんの財産を付与され、大事に育てられた人物ではないかと思われます。

皇后は額田部皇女　推古天皇は女のきょうだいでは二番目なのですが、長女にあたる磐隈《いわくま》皇女は、『日本書紀』によりますと、伊勢の斎宮に選ばれた、と書いてあります。斎宮に選ばれた人は神の妻になりますから、人間の奥さんには原則としてなれないわけであります。またの名を夢皇女《いめのひめみこ》といったと書いてあります。おそらく父欽明天皇が夢占いで斎宮に卜定《ぼくてい》した人であろうと思います。これは占いですから不可抗力ですけれども、彼女はこうして候補から消えた。そうなると、蘇我氏にとっていちばん大きくて、将来天皇の皇后になりうる孫娘は推古なのであります。だからこそ推古に最初からたくさんの財産を付与して大事に育てた。十八歳のときには異母兄の敏達《びだつ》のお妃になります。もっとも、まだ敏達は即位しておりません。やがてその翌年に欽明天皇が亡くなって敏達が天皇になりましたが、最初の皇后は皇族出身の広姫という人であります。ところが、敏達天皇の四年に皇后広姫が亡くなりますと、翌年には直ちに彼女が皇后に立てられました。敏達天皇の二番目の皇后ですね。

そうしますと、さらにその翌年、一年足らずで今度は推古のためにキサイベという新しい部が設けられ、彼女に与えられます。キサイベというのは私部と書くのであります。これは中国漢代に皇后の官を私官と書いたことにちなむのであって、私部は皇后のための部という意味なのであります。兄弟の中でもとりわけ多くの財産（額田部）を所有した彼女に、今度は皇后の地位に付随する私部が与えられた。財産はさらに増加するわけであります。こうして推古は皇后になりますと、当時の皇族のなかでもおそらく群を抜いた財産家になったろうと思います。やがて推古は選ばれてわが国最初の女帝になりますけれども、その背景にはいろいろな理由が考えられるが、一つには、たくさんの財産を持った有力者であった、皇族のなかでもひときわそういう点で有力であった、ということがあろうかと思います。

さて、額田部にプラスして私部を与えられた推古でありますが、これらのことがみな蘇我氏の差し金であると私はにらんでいるわけであります。それは、額田部、私部の分布と、蘇我氏の私有民である蘇我部の分布とを比較しますと大変よく重なるという事実があるからです。何か影の形に添うごとく、額田部や私部のあるところには蘇我部がある、そのような分布は決して偶然ではありません。たぶん蘇我氏の差し金でこういう部は設けられたのでしょう。蘇我氏としては皇族の部をふやすという大義名分を借りて自分自身の力を延ばすこともできます。大変都合がよかったにちがいありません。ですから、蘇我氏は蘇我氏の血をひく皇子、皇女のための財産設定には大変熱心だが、それ以外の、蘇我氏の血をひかない皇族の部などには目もくれません。ですから、一般に非蘇我系の、どちらかといえばサラブレッドである皇族はみな貧乏しているわけです。実にこの落差ははっきりしているのでありまして、そこには蘇我氏の力がよく示されているように思われるのであります。

このように額田部、私部を例にとりまして、推古天皇の財産、あるいはそれをサポートした蘇我氏の力などを想像してみたわけでありますが、これら諸皇子、諸皇女の財産というものも、その父である欽明天皇の在世中はおそらく欽明天皇の経済的基盤の一部と考えられたことでしょう。父である欽明天皇がこれらの皇子、皇女の部を全体としてコントロールしたという可能性は大きいわけでありまして、皇子、皇女がたくさん財産を持っているということは、その父欽明天皇の経済力の大きさを具体的に示すものだと考えてもよいのではないかと思います。

2　欽明天皇と古代王権

大王、欽明天皇　この欽明天皇はご承知のように腹違いの兄である安閑天皇および宣化《せんか》天皇と一時分裂、対立したと考えられている。しかし、それをとにかく収拾し、再び統一王権を形づくり、一代で非常に大きな権力を築きあげた天皇だと考えられているのであります。そして兄宣化天皇の娘石姫《いしひめ》を皇后に迎えてその対立を止揚し、清算した。こういうわけですから、この欽明の大王権は大変強大であったと見なされています。

たとえば欽明天皇の皇居は磯城嶋金刺宮《しきしまのかなさしのみや》、あるいは磯城嶋宮と伝えられておりますが、後世になると敷島というのは『万葉集』などでは大和の枕言葉になっているんですね。「敷島の大和心を人とはば」は本居宣長の歌にありましたね。敷島は大和の枕言葉になっている。なぜ欽明天皇の皇居の地名が大和の枕言葉になったか。おそらくその原因は欽明が奈良時代から振り返ってみますと、大変偉大な存在である、ということが理由であろうと思うのであります。

『古事記』は、歴代天皇について、それぞれ、どこどこの宮において天の下をお治めになった、と書いてありますが、神武天皇から始めて歴代みな何々の宮であります。ところが欽明天皇だけは師木島の大宮に天の下知ろしめしたと書いてあります。欽明天皇だけ「大宮」と強調しています。これも『古事記』編纂《へんさん》時代に欽明天皇がとくに輝かしい存在であったことを示しているのだろうと思います。

考えてみますと、『古事記』編纂時代の天皇の先祖は確実なところでは継体《けいたい》天皇までですね。それ以前はかなりあやふやで、学者はいろいろ疑問をさしはさんでおります。継体天皇以後は間違いありませんが、継体天皇は脇から入ってきましたから王権がどうも安定しませんでした。その没後は皇子の間で分裂・抗争が起きました。しかし結局、大王、欽明天皇によって事態は収拾されます。ですから、『古事記』『日本書紀』が作られたころの天皇から見ますと、直系の先祖で、しかも、最も輝かしい天皇は、やはり欽明なんですね。非常に強烈な印象を後世に残した天皇であろうと思います。

欽明天皇の陵墓は　ですから、考古学者のなかには、いまの欽明陵――これは江戸時代に梅山古墳といったものですが――これは小さすぎる。そのすぐ近くに同じ六世紀中ごろで、しかも日本最大の前方後円墳がある――これは見瀬《みせ》丸山古墳ですね――後期古墳としては日本最大である。時期はちょうど欽明天皇の時代にマッチする。だから見瀬丸山古墳こそ、大王、欽明天皇の陵墓と考えるべきだ、とする考えもあるのであります。

事実、明治時代にウィリアム・ゴーランドという人が、見瀬丸山古墳の大変長い羨道《せんどう》と、その奥の石室と二つの石棺を調査しておりますが、今日では陵墓参考地に指定されており、われわれは立ち入ることができません。『日本書紀』には、推古天皇の時代に推古天皇の生母である堅塩《きたし》媛《ひめ》を檜隈《ひのくま》陵《みささぎ》に合葬した、ということが書いてあります。この記事を信用すれば、欽明陵には、欽明天皇と皇太夫人堅塩媛の二体が葬られているわけでありまして、ゴーランドの調査の記録は少なくともその事実と矛盾しないんです、石棺が二つあるというんですから。そういう調書をも合わせ考えて、考古学者は見瀬丸山古墳という日本でも屈指の後期古墳が欽明陵であろうと推定しております。

いま言ったように、文献のほうから考えた欽明天皇のイメージともこれは矛盾しないのでありまして、七世紀末から八世紀末にかけて欽明天皇が非常に大きな存在として映っていたということはまず間違いがないと思われるのであります。

ヤマトは欽明天皇のおひざもと　そこで、今度は欽明天皇に話を移したいと思いますが、欽明天皇の皇居は、現在のところ確かな場所はわかりません。しかし、磯城嶋金刺宮《しきしまのかなさしのみや》といわれるように、磯城という地名を含んでおりますから、いずれ三輪山の西南麓であることは間違いないと思います。一般には三輪山の麓の桜井市金屋《かなや》の付近というふうにいわれております。現在、宮跡の石碑が立っている所があるけれども、そこがそうであると断定はできませんが、まず当たらずといえども遠からずであります。

ところで、当時の磯城という地は、実は古くヤマトと呼ばれた地域なのであります。ヤマトという地名はその指す範囲に変遷がありまして、一定していないのであります。最終的には日本全体の名前にもなりますし、また今日ですと奈良県全体をヤマトとも申します。

しかし、そもそもの起こりは大倭郷《おおやまとごう》という小さな村の名前であり、だんだんそれが広がってきたわけです。この欽明天皇在世中の六世紀のころは、三輪山西南麓の、のちの郡でいいますと磯城郡と十市《とおち》郡の辺りがヤマトであります。現在で申しますと奈良県桜井市と磯城郡が六、七世紀のころのヤマトなのであります。このことは直木孝次郎先生の詳しい研究がありますので委細はそちらにお任せいたしますけれども、すなわち、欽明天皇在世時のヤマトは欽明天皇のおひざもとだということなのであります。

このことをまず念頭においていただきまして、ここで話をがらっと変えまして、奈良県大和盆地に現在も残る旧国名を検討の対象にいたしたいと思います。なぜこんな話をするかということについての理由は、おいおいおわかりいただけると思います。

皆さんのなかにもお気づきの方は多いと思いますが、奈良県には昔の国の名前が地名としてかなり残っております。たとえば吉備だとか出雲だとかいうのが奈良盆地にはありますね。ご存じの方も多いと思います。しからば、これら昔の国名が奈良盆地にどのくらいあるか。たとえば平安時代の書物である『倭名類聚抄《わみょうるいじゅしょう》』を見ますと、大和国広瀬郡讃岐郷《さぬきごう》などというのが出てきまして、四国の讃岐という国名と同じ地名が大和にもあったことは知られるわけですけれども、これは今日残っていません。しかし、今日でも残っている旧国名は結構あります。それを調べてみますと、おそらく皆さんの想像を超えるくらい数が多いのであります。

日本中から大和に　その国名はやがてご紹介申しあげますが、その前に旧国名をなぜ取りあげたかについて説明しておきます。その土地に旧国名がつけられているときには二つの考え方があります。その国から大和へ人が移って、その国の地名を大和の地につけたという考え方と、大和からそちらのほうに人が出ていって、そこを大和の地名で呼んだのだという考え方です。つまり大和のほうへよそから集まってきたと見るか、大和を中心に外へ広がったと見るか、集中したか拡散したかという考え方の違いがあるのでありますが、私はこれは大王が全国を支配する過程で各地の人びとを義務的に上京させる、そして便宜に場所を指定してそこに住まわせる、永住する場合もあったろうし、また交代する場合もあったでしょうが、そういう人びとの来るところをその出身地にちなんで呼ぶようになったと考えているのであります。大和に旧国名がたくさん集中している理由は、やはり大王権がしだいに外に広がって全国を支配していく過程とおそらく密接にかかわっているのであろうと推定いたしますが、次にどういう国名の地名があるかをご紹介いたします。

まず畿内では山城、河内、和泉といった地名があります。次に五畿七道の順で申しますと、まず東海道ですが、志摩、それから次に三河、駿河《するが》、相模、常陸《ひたち》、以上東海道ですね。その次に東山道ですが、近江、美濃、飛驒《ひだ》、信濃、上野、武蔵、下野《しもつけ》です。武蔵は奈良時代の末まで東山道でありますから、武蔵は東山道として数えます。それから次に北陸道ですが、若狭、越前、能登、佐渡というふうにございます。次に山陰道です。丹波、丹後、但馬、因幡、出雲、石見、隠岐《おき》というわけでかなりある。それから山陽道は播磨、美作《みまさか》、備前、備中、備後、なおこの四つの国はもともとは吉備《きび》という国名でしたね。その吉備があります。次は長門《ながと》です。以上が山陽道であります。それから南海道は、紀州すなわち紀伊の地名は大和にはありませんで、あるのは淡路、阿波、讃岐、それから土佐です。次に西海道、つまり九州ですが、ブゼです。これは片仮名でブゼなんです。しかし大和には豊後がありますから、おそらくブゼは豊前《ぶぜん》の意味だろうと思われます。あとは日向《ひむかい》、それから大隅、薩摩、ゆき。

ゆきというのは壱岐島《いきのしま》の壱岐と同じであります。奈良時代には壱岐氏《うじ》はスノーの雪を書いた場合もあり、壱岐、雪は通用いたしますので、ゆきは壱岐とみることができる、以上であります。

このなかで注意しなければならないのは美作です。これは奈良時代にできた国名ですから、これが大和にあるとしても古くからあるわけではないですね。同じように丹後もそうです。丹後も奈良時代に丹波を分けたのですから、これも古い地名とはいえません。それから加賀がなかったのも当然なんです。加賀は平安時代になってできた国ですから、古い時代に、大和に加賀という地名が植え付けられるはずがありません。個々については、なお詳しく検討を要するのですが、時間もありませんし、そこまでやる必要もないので省略いたします。ただ、ここで注目されるのは、七道ともそのさいはての国まであるということなんです。たとえば東海道は常陸です。これがどんづまりです。これから先はない。それから東山道は下野なんです。それから先は陸奥でありますけれども、それは奈良時代以降に開拓が進むのであって、まず六世紀、七世紀という時点でしたら今の栃木県あたりが限界であります。

九州は、南のほうはかなり後世まで大王の権威には服さなかったところです。しかし、壱岐、対馬を含めて北九州は早くから統一王権のもとに取り込まれていたはずであります。そうしますと、対馬はないけれども、壱岐でも一応道の果てと考えてよろしいと思います。

つまり、大和にある旧国名は、七道のそれぞれさいはてまで含んでいるわけであります。ですから、少なくともある段階に、そういうところから人びとを強制的に集めるような体制がとられた。こう考えざるをえないのであります。

ヤマトにある国の名　ところで、これらの国名ですが、さきほど申しましたように、欽明天皇の皇居のあった古いヤマトつまり磯城郡、十市郡という二郡、今日でいえば桜井市と奈良県磯城郡にあたる地域、欽明天皇のおひざもとにはどれだけあるかということを調べてみますと、三河、相模、美濃、信濃、武蔵、下野、若狭、能登、佐渡、但馬、因幡、出雲、石見、隠岐、それから国名としての吉備がありまして、長門、讃岐、土佐、豊前、日向、大隅、薩摩、ゆき、それに筑紫などという国名もあります。ともかくこの欽明天皇の当時のおひざもと磯城郡には、これらの国名のうちの二十あまりがあるんです。さきほどあげましたのは全体で四十ちょっとでありますから、半分以上が磯城郡に集中しているのであります。

さて、欽明王権は、さきほども申しましたように、兄の安閑、宣化との対立を収拾して、それを取り込んだのであります。安閑天皇の皇居は勾金橋宮《まがりのかなはしのみや》といって、いまの橿原《かしはら》市の近くであります。宣化天皇の皇居は檜隈廬入野宮《ひのくまのいほりののみや》といって、これは飛鳥の西南方にあたるところです。例の高松塚に近いところですね。いずれも高市《たけち》郡、いわゆる広い意味の飛鳥に接したところなんです。

高市郡を大ざっぱにヤマトに対して飛鳥というふうに呼んでおきたいと思うのですが、その高市郡（飛鳥）の地域には河内、島（志摩）、常陸、飛騨、信濃、若狭、丹後、但馬、因幡、播磨、美作、備中、吉備、淡路、阿波、土佐、薩摩、筑紫などというふうに旧国名がございます。これらのいわゆるヤマトと飛鳥とを合わせますと、欽明天皇のおひざもととなりますが、この地域にある国名は全部で三十ばかりになります。大和全体で知られている数が四十ちょっとですから過半数を占めているわけです。そうすると、あとの残りが大和盆地のそこかしこに点在していることになります。

もともとのヤマト、つまり磯城郡、十市郡に元来君臨した欽明天皇が、安閑、宣化の王権の所在した高市郡、いわゆる飛鳥を合わせて樹立した大王権の基盤となるところが、磯城郡と高市郡というわけですけれども、そこにこれだけの国名が集中しております。しかも、これらを見ますと、このなかにはさきほど申しましたように、各七道のさいはての国が全部入っているんです。ということになりますと、欽明王権はそこらまでの範囲を含めて一応全国を統合し、支配したということは間違いがないのではないかと思われてくるのであります。

奈良盆地に所在する旧国名の分布状態を見ると、このようにきわめて特色ある偏りを示していますが、それがまた欽明大王とかなり密接に関係しているということになるのでありますから、だいたい欽明天皇の時代に、日本列島はほぼ大王権のもとに統合せられ、各地から人びとが義務的に上番《じょうばん》する、ということも始まったのではないでしょうか。

古代王権の成立は　考えてみますと、欽明天皇の時代には、津田左右吉先生がおっしゃったように、いわゆる『帝紀』『旧辞』というような『古事記』『日本書紀』の編纂材料のもとになった歴史が作られたといわれておりますし、近年では、地方の豪族を国造《くにのみやつこ》に任命して全国を支配するところの政治体制、いわゆる国造制もだいたいこの時期に形を整えたであろうと言われておりますが、いま、私が旧国名の分布から欽明王権がほぼ全国を統一したというふうに考えましたけれども、これらの事実は、まったく矛盾をきたさないのであります。そのように考えますと、欽明天皇は古代王権の成立過程において画期的な存在であった、ということがほぼ推定できるのではないかと考えているわけであります。

だいたい私の考えは大ざっぱに申しあげて以上のとおりでありますが、欽明天皇が『古事記』において師木島大宮の天皇と特筆大書される理由も、その歴史的背景をこのように考えると、きわめて当然だということになるのではないかと思います。どうも考えがよくまとまらないので思いつきの域を出ませんでしたけれども、文献のほうから見た王権の成立について、あらまし考えを申しあげました。

（原題「古代王権を考える」『ＮＨＫ文化講演会』一三、一九八六年、日本放送出版協会）

Ⅰ　記紀の天皇像と氏族

一　『古事記』の天皇像

1　天皇は「天神御子」

『古事記』（以下『記』と略す）神武段には神倭伊波礼毘古命《かむやまといはれびこのみこと》（神武天皇）が「荒夫琉神等《あらぶるかみども》を言向《ことむ》け平和《やは》し、伏《まつろ》はぬ人等《ひとども》を退《そ》け撥《はら》ひて、畝火《うねび》の白檮原宮《かしはらのみや》に坐《ま》しまして、天の下治《し》らしめき」まで、すなわち即位するまでは一貫して「天神御子《あまつかみのみこ》」とされ（十二例）、即位後は「天皇」とされ（六例）、即位の前後で明瞭に書き分けられていること[1]は周知のところであろう。

これによれば、天皇は本来「天神御子」である。換言すれば、「天神御子」でなければ天皇にはなれないと観ぜられたのである。

ところで、「あまつかみのみこ」を『広辞苑』に「天皇の別称」とするが、神武天皇以外に「天神御子」と呼ばれた（それも即位以前に限ることは既述の通りである）天皇は管見の限りでは存在しないようであるから、別称というより「天皇たる御方の本来具有すべき属性（物の本質をなす性質）」とでも表現したらよかろうか。

ところで、神武は『記』に「故《かれ》、爾《ここ》に邇芸速日命《にぎはやひのみこと》参赴《まゐおもむ》きて、天神御子に白《まを》ししく、天神御子天降《あまくだ》り坐《ま》しつと聞けり。故《かれ》、追ひて参降《くだ》り来つ」と見え、その祖邇邇芸命《ににぎのみこと》と同様に天降神話が伝えられる。神武東征（遷）説話は「天神御子」の天降神話に他ならなず、神倭伊波礼毗古命は神代（天神御子）と人代（神武天皇）とを繋ぐ橋渡し的存在なのである。

「天神御子」と天皇との関係を知るべき手がかりは他にもある。『記』によれば、日向の高千穂に天降った邇邇芸命は木花之佐久夜毘売《このはなのさくやびめ》に遇い、その父大山津見神《おおやまつみのかみ》に求婚する。

よろこんだ大山津見は姉娘石長比売《いわながひめ》とともに奉ったが、命は姉の醜いのを嫌って送り返した。大山津見はいたく恥じて申し送ったことには「我が女二《ふ》たり並べて立奉《たてまつ》りし由《ゆゑ》は、石長比売《いはながひめ》を使《つか》はさば、天神御子《あまつかみのみこ》の命《いのち》は、雪零《ふ》り風吹くとも、恒《つね》に石《いは》の如《ごと》くに、常《とき》はに堅《かき》はに動かず坐《ま》さむ。亦木花之佐久《またこのはなのさく》夜毘売《やびめ》を使はさば、木《こ》の花の栄《さか》ゆるが如くに栄え坐《ま》さむと宇気比弖《うけひて》貢進《たてまつ》りき。此《か》くて石長比売を返さしめて、独《ひと》り木花之佐久夜毘売を留《とど》めたまひき。故《かれ》、天神御子の御壽《みいのち》は、木花《このはな》の阿摩比能微《あまひのみ》坐《ま》さむ」と。そこで、「故《かれ》、是を以ちて今に至るまで、天皇命等《すめらみことたち》の御命《みいのち》長くまさざるなり」というのである。

ここに見える二例の「天神御子」は文意から推して「邇邇芸命のみならず、歴代の天皇を指す[2]」ことは明らかであり、前者は石長比売の産むであろう「天神御子」、後者は木花之佐久夜毘売のそれを指し、前者は「命《いのち》」、後者は「御壽《みいのち》」と書き分けているのである。右によっても天皇が「天神御子」と観ぜられたことが知られるのである。

2　『記』における「天神御子」

次に、『記』における「天神御子」の実例を検討してみよう。

(1) 其の大国主神に問《と》ひて言《の》りたまひしく、「天照大御神《あまてらすおほみかみ》、高木神《たかきのかみ》の命《みこと》以《も》ちて、問《と》ひに使《つか》はせり。汝《いまし》が宇志波祁流《うしはける》葦原中国《あしはらのなかつくに》は、我が御子の知らす国ぞと言依《ことよ》さし賜ひき。故《かれ》、汝が心は奈何《いか》に」とのりたまひき。（中略）「僕《あ》は得《え》白《まを》さじ。我が子、八重《やへ》言代主神《ことしろぬしのかみ》、是れ白すべし。」（中略）八重事代主神を徴《め》し来《き》て、問ひ賜ひし時に、其の父の大神に語りて言ひしく、「恐《かしこ》し。此の国は、天神之御子に立奉《たてまつ》らむ」。

(2) 建御名方神《たけみなかたのかみ》白《まを》ししく、「恐《かしこ》し。我《あ》をな殺したまひそ。此の地《ところ》を除《お》きては、他処《あだしところ》に行かじ。亦《また》我が父、大国主神の命《みこと》に違《たが》はじ。八重《やへ》事代主神《ことしろぬしのかみ》の言《こと》に違はじ。此の葦原中国《あしはらのなかつくに》は、天神御子の命《みこと》の随《まにま》に献らむ」とまをしき。

(3) 其の大国主神に問ひたまひしく、「汝《いまし》か子《こ》等《ども》、事代主神、建御名方神の二《ふた》はしらの神は、天神御子の命《みこと》の随《まにま》に、違《たが》はじ」と白《まを》しぬ。

(4) 唯《ただ》僕《あ》が住所《すみか》をば、天神御子の天津日継《あまつひつぎ》知らしめす登陀流《とだる》天《あめ》の御巣《みす》如《な》して、底津石根《そこついはね》に宮柱《みやばしら》布斗《ふと》斯理《しり》、高天《たかあま》の原《はら》に氷木《ひぎ》多迦斯理《たかしり》て、治《おさ》め賜はば、僕は百足《ももた》らず八十《やそ》坰手《くまで》に隠《かく》りて侍《さもら》ひなむ。

(5)出で居る所以《ゆゑ》は、天神御子天降り坐《ま》すと聞きつる故《ゆゑ》に、御前《みさき》に仕へ奉らむとして、参向《まゐむか》へ侍《さもら》ふぞ。

(6)是《ここ》に猨田毘古神《さるだびこのかみ》を送りて還り到りて、乃ち悉《ことごと》に鰭《はた》の広物《ひろもの》、鰭《はた》の狭物《さもの》を追ひ聚《あつ》めて、汝《な》は天神御子に仕へ奉らむやと問言《と》ひし時に、諸魚皆《もろうをみな》、仕へ奉らむと白《まを》す。

(7)故《かれ》、後《のち》に木花之佐久夜毘売《このはなのさくやびめ》、参出《まゐで》て白《まを》ししく、「妾《あ》は妊身《はら》めるを、今産《う》む時に臨《な》りぬ。是の天神之御子は、私に産むべからず。故《かれ》、請《まを》す」とまをしき。爾《ここ》に詔りたまひしく、「佐久夜毘売、一《ひと》宿《よ》にや妊《はら》める。是れ我が子には非《あら》し。必ず国神《くにつかみ》の子ならむ」とのりたまひき。爾に答へて白《まを》ししく、「吾《わ》が妊《はら》みし子、若《も》し国神《くにつかみ》の子ならば、産《う》むこと幸《さき》からじ。若《も》し天神之御子ならば幸《さき》からむ」とまをして、即ち戸無き八尋殿《やひろどの》を作りて、其の殿の内に入り、土を以ちて塗り塞《ふさ》ぎて、産む時に方《あた》りて、火を以ちて其の殿に著《つ》けて産《う》みき。故《かれ》、其の火の盛《さか》りに焼《もゆ》る時に、生める子の名は、火照命《ほでりのみこと》、次に生める子の名は、火須勢理命《ほすせりのみこと》、次に生める子の御名《みな》は、火遠理命《ほをりのみこと》、亦の名は、天津《あまつ》日高日子穂穂手見命《ひこひこほほでみのみこと》。

(8)是《ここ》に海神《わたのかみ》の女、豊玉毘売命《とよたまびめのみこと》、自ら参出《まゐで》て白《まを》ししく、「妾《あ》は已《すで》に妊身《はら》めるを、今産む時に臨《な》りぬ。此《こ》を念《おも》ふに、天神之御子は、海原《うなばら》に生むべからず。故《かれ》、参出到《まゐでき》つ」とまをしき。

(以上の他に先に引いた邇邇芸命の求婚の件りがあるが重複するので省いた。)

(1)の「天神之御子」は天照大神の子忍穂耳命《おしほみみのみこと》を指《さ》すことは明白である。(2)の「天神御子」、(3)のそれも同じである。(4)の「天神御子」は特定の神を指さない。天照大神の御末裔の代々の方を指す。(5)

の「天神御子」は天孫《あまつひこ》邇邇芸命《ににぎのみこと》を指す。この場合「御子」とはいうが、神統譜《しんとうふ》では「孫」に当たる。ここで参照すべきは『日本書紀』（以下『紀』と略す）天孫降臨段に瓊瓊杵尊《ににぎのみこと》を「天照大神之子」とする事実である。ここでは孫も子なのである。これをもって推せば、子孫・末裔もまた子なのである。

(6)は(4)と同じく特定されない。(7)の「天神之御子」は木花之佐久夜毘売《このはなのさくやびめ》が産む子であるから、その父親（＝天神）は邇邇芸命である。また、火照命《ほでりのみこと》・火須勢理命《ほすせりのみこと》・火遠理命《ほおりのみこと》（天津日高日子穂穂手見命《あまつひこひこほほでみのみこと》）は「天神之御子」なのである。(8)で豊玉毘売命《とよたまびめのみこと》が産む「天神之御子」は火遠理命の子鵜葺草葺不合命《うがやふきあえずのみこと》である。

こうして見ると、天照大神と神武天皇を結ぶ神統譜上の歴代の神々はいずれも「天神御子」、あるいは「天神之御子」である。倉野《くらの》憲司《けんじ》氏によれば、

「天神之御子」と「之」の字のある場合は、天神を父とする御子の意。

であり、

天神御子の「御子」は血統的な御子孫といふ意ではなく、天照大御神の御魂を直接に受けてあれました御子といふ呪的宗教的な意に解すべきである。

という(3)（ただし、先に見たように孫も子とされるから、「御子」に「御子孫」の意がないとは言えないであろう）。

3　「天神御子」は「天神」

先掲(7)において木花之佐々久夜毘売の産む三子（火照命・火須勢理命・火遠理命）は邇邇芸命（＝天神）を父とする「天神之御子」であるが、ここで「天神」とされる邇邇芸命は、(5)においては「天神御子」とあるのである。これらを勘案すると、邇邇芸命は「天神御子」にしてかつ「天神」なのである。したがって「天神御子」は、すなわち「天神」なのであり、倉野氏が「天神御子」を「天照大御神の御魂を直接に受けてあれました御子」といわれたのもその意味で理解できるのである。

さて、ここで言う「天神」について一言しておく。「天神」には高天原にまします神々を指す場合もあり、またすでに述べたところであるが、天照大神など特定の神を指す場合もある。「天神御子」の「天神」は天皇の祖先神であるから天照大神を指すことは疑いないところであるが、「天神」の意味内容が、かならずしも明確ではないから、天皇が天照大神の末裔と伝えられることからの推測にすぎず、天神即天照大神とは自明のこととは断ぜられない。「天神御子」の「天神」を推知すべき手がかりは別に『記』『紀』にある。

『記』神武段によれば登美毘古《とみびこ》と戦って負傷した五瀬命《いつせのみこと》は、

吾《あ》は日神之御子と為《し》て、日に向ひて戦ふこと良《よ》からず。故《かれ》、賤《いや》しき奴《やつこ》が痛手《いたで》を負ひぬ。今者《いま》より行き廻《めぐ》りて、背《そびら》に日を負ひて撃《う》たむ。

と言ったという。五瀬命は『記』にその言を「詔」、その行を「幸」、その死を「崩」、その墓を「陵」と記され、天皇に準ずる扱いを受けており、本居宣長も、「父命崩坐てより《リ》は、此命《ノ》ぞ天津日嗣は所《シロ》知看《シメシ》たりけむ、然れば伊波礼毘古命《ノ》も、此時は稲氷命《イナヒノ》御毛沼命《ミケヌノ》と共に、此五瀬命《ノ》に奉仕《ツカヘマツリ》て坐《シ》けむ」(4)と推測しているほどであるから、その言葉のなかに見える「日神之御子」も天皇たるべき方を指す語で「天神御子」と同義であると考えてよかろう。

それを裏づけるのが「神武紀」である。それによると、長髄彦《ながすねひこ》（『記』の登美毘古）と戦って敗れた天皇は、

今我《いまやつかれ》は是《これ》日神子孫（日神《ひのかみ》の子孫《うみのこ》）にして、日に向ひて虜《あた》を征《う》つは、此天道《これあめのみち》に逆《さか》れり。

と言ったという。ここでは天皇（未だ即位していないが）が「日神子孫（＝御子）」なのである。「日神」は『記』では前掲の「日神之御子」の一例しか見えないが、『紀』にはしばしば見える。そのことについては宣長に説もあるが、(5)それはともかく、「天神御子」の「天神」が「日神」すなわち「天照大神」であることは確かであろう。

したがって、既述の如く「天神御子」が「天神」であるなら、それはやがて天照大神である。

大宝二年（七〇二）十二月崩じた持統天皇は翌年十二月「大倭根子天之広野日女尊《やまとねこあまのひろのひめのみこと》」と諡《おくりな》され、ついで亡夫天武天皇の大内陵に合葬された。(6)この諡号《しごう》中の「日女」については『万葉集』（二—一六七）

の「天照らす　日女《ひるめ》の命〈一《あるい》は云ふさしのぼる日女の命〉」との用字の一致が注意される。「ヒメ」には「比売」「姫」「媛」などを充てることもできようが、そうせずに「日女」を充てたのは「天照らす　日女の命」すなわち「天照大神」を強く意識したためであろう。やがて、養老四年（七二〇）五月『日本書紀』が完成するが、そこでは持統の国風諡号は「高天原広野《たかまのはらひろの》姫《ひめ》」とされた。ここでも「天照大神」が主宰する天上世界「高天原」が用いられている。天皇と天照大神との密接な関係が偲ばれるのである。

以上、『記』に見える「天神御子」について検討して来たが、その結果「天神御子」は天皇の属性を示す語であり、「日神之御子」も同義であること、また「天神御子」は、すなわち「天神」であることが確認された。したがって「日神之御子」は「日神」でもあることになる。

4　「天神御子」の源流（その一）

『記』に「天神御子」が見えることから、天皇を「天神御子」とする観念が『記』の成立した和銅五年（七一二）のころ存在したことは言うまでもないが、それは何処まで溯れるであろうか。「あまつかみのみこ」という語に限って言えば、それは『続日本紀』（以下『続紀』と略す）文武元年（六九七）八月庚辰条に引く即位の宣命の中に見える「天都神乃御子」が最も古い例であろう。しかし、これでは『記』よりわずか十五年を溯るにすぎない。「あまつかみのみこ」という語については管見の限りではこれ以上溯れない。そこで、万葉歌から同義語・類義語を拾って検討してみたい。

万葉歌には、しばしば「ひのみこ（日之御子・日乃〈之〉皇子・日皇子）」の語が見える。これは「日神の末裔」の意であるから、(7)「日神之御子」「日神子孫」と同義語であり、「天神御子」と同義でもある。『万葉集』のなかで「ひのみこ」の語が見えるのは、巻一の四五・五〇・五二、巻二の一六二・一六七・一七一・一七三……であるが、それらのなかで最も古いのは、持統三年（六八九）に薨じた草壁皇子に捧げられた柿本人麻呂や舎人らの挽歌である。(8)「ひのみこ」を手がかりにしても天皇「天神御子」観の成立は持統朝に溯るのが精々である。

また「おほきみはかみにしませば」の句によるときは、天皇現人神即「天神御子」観の成立は壬申の乱（六七二年）後の天武朝まで溯れることになる（一九―四二六〇・四二六一）。

かくして、天皇の属性を「天神御子」即「天神」とする観念の成立時期は、『万葉集』を手がかりにしても天武朝までしか溯ることができないのである。

天武朝では、壬申の乱に勝利した天皇の権力は著しく強化され、その地位は格段に上昇し、それにともなって天皇の神格化が進んだ。天照大神に対する祭祀制度も整備され、伊勢神宮の地位も上昇した。そのような時代であったから、そのころ、天皇「天神御子」即「天神」観が成立しても不自然とは思われない。だが、筆者の直感では、その成立期はもう少し古いように思う。しかし『記』『紀』

によって、そのことを証することはできない。それには、わが国における「日神（＝天神）」信仰の昂揚（その主体は大王家）と海外の影響などの諸点を考えあわせる必要があろう。

まず、日神信仰の昂揚期として注意されるのは六世紀後半から七世紀初頭にかけての時期、いわゆる推古朝の前後である。『紀』敏達六年（五七七）二月甲辰朔条に「詔して日祀部《ひまつりべ》・私部《きさいべ》を置く」と見え、また同書用明即位前紀（五八五）九月壬申条に「酢香手姫皇女《すかてひめのみこ》を以て、伊勢神宮《いせのおほみかみのみや》に拝《め》して、日《ひの》神《かみ》の祀《まつり》に奉《つかへまつ》らしむ。〈是《こ》の皇女《ひめみこ》、此《こ》の天皇の時より、炊屋姫《かしきやひめ》天皇の世に逮《およ》ぶまでに、日神《ひのかみ》の祀《まつり》に奉《つかへまつ》る。自ら葛城《かづらき》に退《しりぞ》きて薨《みう》せましぬ。炊屋姫天皇の紀《みまき》に見ゆ。或本《あるふみ》に云《い》はく、卅七年の間、日神の祀に奉る。自ら退きて薨《みう》せましぬといふ。〉」とあるのが、その一証である。

前者の「日祀部《ひまつりべ》」は品部の一種で、その性格・職掌については諸説あるが、宮廷の日神祭祀にかかわるものであろうことは疑いがない。日祀部は日奉部とも記され、中央の日奉連が伴造として統轄した。日奉氏の職掌は、農作物のために順調な天候を日神に祈ることであったろう。また、天照大神が日神（太陽神）とされるように、古代王権は日神信仰と密接な関係にあった。日祀部の設置は当時における宮廷祭祀機構の整備発展に照応する措置であり、日神信仰の昂まりを示すものであろう。なお、日祀（奉）部の分布が関東・東北、四国・九州のように古代における東西の辺境に濃密である[9]ことは、太陽の運行と関係があるのかも知れない。

また、伴造日奉連氏《とものみやつこひまつりのむらじ》については『新撰姓氏録』左京神別中に「高魂命の後なり」と見えて大伴氏の同族と伝えられていたことが知られる。その大伴氏の祖で、邇邇芸命天降の際に御前に立って仕えたのは天忍日命であり、また神武東征に当たり、一行を熊野から大倭の菟田下県《うだのしもつこおり》まで案内したのが日臣命（功により天皇から道臣の名を賜う）であり、『紀』垂仁二十五年二月条に「大伴連遠祖武日」が見える。さらに、信憑性に問題はあるものの、『伴氏系図』[10]に、

　高皇産霊尊―天忍日命―天津彦日中咋命―天津日命―（日）道臣命―味日命―稚日臣命―大日命―角日命―豊日命―建日命〈初号武日命〉（後略）

と十代にわたって「日」字を通用しており、大伴氏が太陽（日神）信仰に関係が深かったことを窺わせ、同族に日奉連氏があることも頷けるのである。

大伴氏は欽明朝に大連金村が失脚して[11]政治的地位を低下させたが、敏達朝に日祀部が置かれると、自家の日神信仰を背景に一族を日祀部の伴造氏（日奉連氏）として勢力の挽回をはかったのであろう。

そればかりではない。『新撰姓氏録』同条には、

　神松造　道臣の八世孫金村大連公の後なり。

とあるから神松造氏も敏達朝ごろに創始されたと思われる。神松造氏については、これが神私連の誤写と考えられ[12]、日祀部とともに敏達朝に置かれた私部の部分的伴造であり、ここにも大伴氏の挽回策が窺われるのである。もっとも、これは日神信仰の昂揚とは直接かかわりのないことであるが。

次に酢香手姫皇女《すかてひめのみこ》について考えると、この皇女は後世の斎宮である。五八五年から用明・崇峻・推

古の三代の天皇の御代にわたり三十七年間といえば推古三十年（六二二）までということになる。その間、父用明天皇がなくなっても斎宮を退かなかったのは、当時服喪ということはなかったとも考えられるが、いっぽう、日神の祀に奉《つかえまつ》ることが、それだけ厳重に求められたからとも思われる。

こうして、六世紀後半から七世紀初頭にかけては、日神信仰の昂揚期と考えられるのであるが、同時に大王はその日神の末裔であることが強く意識され、強調されるようにもなったのである。

5　「天神御子」の源流（その二）

六世紀後半から七世紀初頭（推古朝前後）にかけての日神信仰の昂揚期は、いわゆる聖徳太子の時代でもある。この時代には、四七八年の倭王武の中国南朝宋への遣使以来中絶していた使節派遣が再開され、再び中国文化を直接摂取するようになった。そのことは『隋書』倭国伝に、[13][14]

開皇二十年（六〇〇）、倭王あり、姓は阿毎《あめ》、字《あざな》は多利思比孤《たりしひこ》、阿輩鶏弥《あめきみ》と号す。使を遣はして闕に詣る。上、所司をして其の風俗を訪はしむ。使者言ふ、倭王は天を以て兄と為《な》し、日を以て弟と為す。天未だ明けざる時、出でて政を聴《き》き跏《か》趺《ふ》して坐し、日出づれば便《すなは》ち理務を停め、云《い》ふ我が弟に委《ゆだ》ねんと。高祖曰《いは》く、此れ大いに義理なしと。是に於て訓《おし》へて之を改めしむ。

と見えることによって知られる。開皇とは隋の高祖文帝の年号で、その二十年は西暦六〇〇年、わが推古天皇八年に当たる。ところが、『紀』の推古八年条には、右の遣使記事に対応する記事が見えない。そこで『隋書』に見える開皇二十年の倭の遣使が実際にあったか否かについて従来議論があった。[15]本居宣長はこれを「西の辺《ホトリ》なるもののしわざ[16]」と解し、正式な国使ではないとし、坂本太郎氏もこれを聖徳太子の私的な使者であったとする。[17]そう考えるなら『紀』に対応する記事が見えないのも当然ということになろう。

さらに、高橋善太郎氏は『紀』編者特有の国体観念・史観によって意識的に遣使記事を削除したとする。[18]つまり遣使はあったとするのである。

以上は遣使を一応認めるものであるが、これに対して宮田俊彦氏は『隋書』倭国伝が開皇二十年（六〇〇）の記事に続けて、未だ制定・施行されていない冠位十二階（六〇三年制定、六〇四年施行）について記述する矛盾を指摘し、また「使節名も国書の有無も何も分からない」として、この遣使を疑われたのである。[19]

この宮田氏の指摘した記事の矛盾について増村宏氏は『隋書』倭国伝を『隋書』東夷伝の中で考え、『隋書』東夷伝では「（隋とその国・民族との）最初の交渉記事と次の交渉記事との間に、隋朝が交渉のうちに得た知識であると推測される、その国・民族の制度・風俗などを中間記載にまとめ、この中間記載の後に、最初の交渉事実に続く諸事実を年代順に記載するという書法で記述されている[20]」として、宮田氏の疑問に答えたのである。

これによれば、『隋書』倭国伝の開皇二十年が倭・隋の最初の交渉、大業三年（六〇七）がそれに続く交渉、その中間記載は隋が倭との交渉で得た知識（冠位十二階を含む）であり、冠位十二階に関する情報は開皇二十年の使節がもたらしたものとは言えず、宮田氏の指摘した矛盾も解消することになる。そればかりでなく、『隋書』東夷伝に通ずる右の書法からみて、たとえ『紀』に見えなくとも、開皇二十年の遣使は実際あったものと考えてよかろう。開皇二十年の遣使の有無について思わず長くなってしまったが、筆者としては、倭の使者の言が、かなり具体的であることから、これがよもや『隋書』倭国伝編者の造作ではあるまい。かならずや依拠すべき史料にもとづく記述であろうと推測するのである。

そこで、以下倭の使者の言について検討を加えてみよう。まず、

倭王は天を以て兄と為し、日を以て弟と為す。

というが、これは言い換えれば、倭王は天の弟、日の兄、すなわち天と日に挟まれた、中のきょうだい、ということである。

しかし、こういう考えのあったことをわが古典に徴することはできない。使者の言う「天」とは如何なる意味内容をもつか不明であるし、「日」に対しては倭王は兄ではなく「御子」であると考えられていたであろうからである。使者の言は確かな思想的背景をもつものとは思われない。聖徳太子の十七条憲法の第三条に「君《きみ》をば天《あめ》とす。臣《やつこらま》をば地《つち》とす」ともあり、むしろ倭王が天と考えられたの

である。これについては後に再説するとして、次に、

天未だ明けざる時、出でて政を聴き跏趺《かふ》して坐し、日出づれば便ち理務を停め、云ふ我が弟に委《ゆだ》ねんと。

はどうであろうか。これによれば、倭王は未明に起きて（政庁に）出坐して政務を執るという。このことに関しては参照すべき史料がいくつか指摘できる。

まず、『紀』舒明八年（六三六）七月己丑朔条に、

大派王《おほまたのおほきみ》、豊浦大臣《とゆらのおほおみ》に謂《かた》りて曰《いは》く、群卿《まへつきみたち》及び百寮《つかさつかさ》、朝参《みかどまゐり》すること已《すで》に懈《おこた》れり。今より以後《のち》、卯《うのとき》の始《はじめ》に朝《まゐ》りて、巳《みのとき》の後《のち》に退《まか》でむ。因りて鍾《かね》を以て節《ととのへ》と為《せ》よといふ。

と見える。これ以前には群臣の早朝朝参が通例であったと推測される。憲法十七条の第八条に「群卿百寮《まへつきみたちつかさつかさ》、早く朝《まゐ》りて晏《おそ》く退《まか》でよ」とあるのも同じである。さらに『紀』大化三年（六四七）是歳条には、

天皇、小郡宮《をごほりのみや》に処《おは》して、礼法《ゐやののり》を定めたまふ。其の制《のり》に曰《いは》く、凡《おほよ》そ位有《たも》ちあらむ者は、要《かなら》ず寅《とら》の時に、南門《みなみのみかど》の外《と》に、左右羅列《つらな》りて、日の初めて出づるときを候《うかが》ひて、庭《おほば》に就《ゆ》きて再拝《をが》みて、乃ち庁《まつりごとどの》に侍《はべ》れ。若《も》し晩《おそ》く参《もうこ》む者は、入りて侍《はべ》ること得《え》ざれ。

と見える。これによれば、卯時より更に早く寅時の朝参が命じられている。ここに見える毎朝「庭に就きて再拝《をが》みて」が、すなわち「朝参」なのである。さらに『紀』持統四年（六九〇）七月壬午条に

は、

公卿百寮《まへつきみつかさつかさ》をして、凡《おほよ》そ位有る者、今より以後《のち》、家の内《うち》にして朝服《みかどころも》を着《き》て、未だ門開《みかどあ》けざらむ以《さ》前《き》に参上《もうこ》しめよとのたまふ。蓋し昔者《いにしへ》は宮門《みかど》に到《まう》でて朝服《みかどころも》を着《き》しか。

とあり、持統朝では官人（＝有位者）は毎朝自宅で朝服を着用して開門以前に参上せよと定められた。開門時刻は示されていないが、『宮衛令集解』に引く「古記」（七三八年ごろに成った大宝令の注釈書）によれば「卯四点」すなわち午前六時半ごろであったようである。もう一つ史料を示す。『紀』大化元年八月庚子条には、いわゆる「鍾匱《かねひつ》の制」を定めたことが見えるが、そこには、

是の日に、鍾匱《かねひつ》を朝《みかど》に設けて、詔《のたま》して曰はく、若《も》し憂《うれ》へ訴《うた》ふる人、伴造《とものみやつこ》有らば、其の伴造、先《ま》づ勘当《かむが》へて奏《まを》せ。尊長《ひとごのかみ》有らば、其の尊長、先づ勘当へて奏せ。若し其の伴造尊長、訴ふる所を審《あきらか》にせずして、牒《ふみ》を収めて匱《ひつ》に納《い》れば、其の罪を以て罪せむ。其の牒《ふみ》を収むる者は、昧旦《あけぼの》に牒を執《と》りて内裏《おほうち》に奏せ。朕年月《われとしつき》を題《しる》して、便ち群卿《まへつきみたち》に示《しめ》さむ。或いは懈怠《おこた》りて理《ことわ》らず、或いは阿《かた》党《ちは》ひて曲《ま》ぐること有らば、訴へむ者以て鍾を撞《つ》くべし。

とある。これによると、訴える者の投書は昧旦匱《ひつ》より取り出して天皇に奏上することになる。天皇が訴状を披閲し処理する（＝政務を執る）のも早朝であったことが知られるのである。

以上の諸史料は、いずれも西暦六〇〇年代における天皇の早朝執務、官人の早朝朝参の慣行の存在を示すものであり、開皇二十年（六〇〇）と大きな時間的隔りはない。倭の使者の言である「（倭王）

天未だ明けざる時、出でて政を聴き」は、そのまま信用してよいであろう。

さて、早起きの習慣があったとすれば、昼寝の習慣もあったのではなかろうか。『紀』垂仁五年十月己卯朔条に、

天皇、来目《くめ》に幸《いでま》して、高宮《たかみや》に居《ま》します。時に天皇、皇后の膝に枕して昼寝したまう。

とあり、『記』垂仁段には「昼寝」とはないが、

天皇、其の謀《はかりごと》を知らしめさずして、其の后の御膝を枕《ま》きて、御寝《みね》し坐《ま》しき。

と言い、ここでも皇后の膝枕で転《うた》た寝《ね》したようであるから、これを昼寝と見てよかろう。

また、『紀』雄略即位前紀に、

既《すで》にして穴穂天皇、皇后の膝に枕したまひて、昼酔《ひるゑ》ひて眠臥《みねぶり》したまへり。

と見える。これは安康天皇が肆宴で酒に酔って寝たのであり、習慣としての昼寝ではないかも知れないが、垂仁の場合同様、皇后の膝を枕に寝たことは共通している。『記』安康段では、右と同じ事を、

此れより以後《のち》、天皇神床《かむどこ》に坐して昼寝したまひき。

と記している。これらによって考えれば、天皇の早朝起床・執務と昼寝とには、どうやら関係がありそうである。

次に、使者の言「（倭王）日出づれば便ち理務を停め」はどうであろうか。先掲舒明紀八年七月条によれば卯《うのとき》（午前六時）の始めに朝参し、巳《みのとき》（午前十時）の後に退朝すべしと提案された。これは実施

されなかったが、日中政務は執らないという認識にもとづいた提案であろう。

さらに孝徳紀大化三年是歳条によれば寅《とら》の時（午前四時）に朝参、午《うま》の時（正午）に退朝と定められ、ここでも午後は政務を視ないことと定められた。どうやら当時は太陽が中天にかかるころから後（日中）は政務を執らないのが例であったようだ。「日出づれば便ち理務を停め」もまた事実を言ったものと考えてよさそうである。

次に、「跏趺《かふ》して坐し」について考えてみよう。「跏趺」は辞書[21]によると仏教用語で「両足の甲をかさねてすわる坐法」とある。いわゆる「あぐら」である。ところが『記』『紀』に見える「あぐら」は「呉床」（『記』雄略）とか「胡床」（『紀』継体）と記されることからも分るように坐法ではなく「高く大きく設けた座席（寝所にも座席にもなる[22]）」なのである。これに「呉」とか「胡」が用いられているることからも知られるように座席としての「あぐら」はわが国固有のものではない。ここに見える跏趺は仏教用語とは関係がなく、軽く脚を組む坐法（あぐら）をいい、「呉床」「胡床」の上にもそのようにして坐ったのでこれを「あぐら」と呼んだのである。「呉床」「胡床」は固有のものではないが、「あぐら」という坐法は固有の習俗であったと考えてよかろう。

ここで、再び「倭王は天を以て兄と為し、日を以て弟と為す」について考えてみよう。このような考え方の存在したことを『記』『紀』などから論証することができないのは既述の通りである。ならば、使者の言は虚妄なのであろうか。

使者は倭王が未明早朝に政務を執る（世を統治する）事実にもとづき、一昼夜を夜間・未明早朝・昼間と三つの時間帯に分け、それぞれの時間帯の支配者を時間の経過に従って兄弟と考え、夜間のそれを長兄とし、当時倭人の間で崇敬されていたであろう天とし、未明早朝のそれを倭王、昼間のそれを日と序列したのではなかろうか。これは倭人の間にあった共通の認識というのではなく、この時の使者のあくまでも個人的な考えにすぎなかったのではあるまいか。

以上によって『隋書』倭国伝の開皇二十年の倭の遣使記事の検討を終える。その結果、この記事の内容は、おおむね信用してよいことが明らかとなったと考える。

なお、右の倭王＝「天弟」「日兄」説については、これは中国の「天子」の思想に対して、倭王は「天弟」ないし「日兄」という対抗意識からあらわれたものではあるまいか、という見解もある。[23]しかし、それならば、「天弟」とだけ言えば充分であり（天弟は天子の叔父、つまり傍系尊属となるからである。）、わざわざ「日兄」とまで言う必要はあるまい。「日兄」と言った所に倭王の未明早朝執務の慣行が投影されていると見るべきではあるまいか。

次に、「高祖曰く、此れ大いに義理なしと。是に於て訓へて之を改めしむ」について考えてみよう。高祖文帝は、倭王が「天弟」「日兄」であるとの説明を聞いて「大いに義理なし」すなわち正しいすじみちに外れる（＝中国の礼に反する）として「訓《おし》へて之を改めし」めたという。その内容はおそらく次のようなものであったであろう。

中国皇帝は天子である。天とは宇宙の主宰者・造化の神で、天帝とも言う。その天の命を受けて国に君たる人を天子と言う。古は天が民を治めるものとなし、これに代って天下を治めるものを天子と称する。すなわち天帝の子の意である。[24]

したがって倭王が「天弟」であると言うのは中国思想からみて、まったくナンセンスと思われたことであろう。また、中国では「天日」は太陽を言い、また天子を指すから、倭王「天弟」「日兄」説も中国では理解されなかったに相違ない。さらに、中国では「天子の弟妹に対して天子を日兄」という。これは天子の弟妹からみて天子は日たる兄なのである。倭王「日兄」説が理解されなかったのも当然であろう。

隋から倭王「天弟」「日兄」説の誤りを指摘され、「天子」についての説明を受けた倭では、倭王が倭の国土と人民を中国の承認・援助・干渉なしに、独自に統治してきた事実を見据え、倭王もまた天に代って倭国に君たるもの、すなわち天子であるとの認識に到達したことであろう。

開皇二十年から七年後の大業三年（推古十五＝六〇七）の遣隋使（小野妹子ら）の携行した国書において倭王は「日出づる処の天子」と自称したという。高祖の訓令は早くもここに効果をあらわしたのである。この国書は煬帝の不興を買ったが、その原因は倭王の天子号にあったのではあるまい。

『隋書』突厥伝に、

天従《よ》り生れたる大突厥《だいとつけつ》天下賢聖天子、伊利倶盧設莫何始波羅可汗《いりぐろせつばくかしはらかかん》、書を大隋の皇帝に致す。

と見え、また『北史』西域伝、波斯国条にも、

神亀中（五一八〜九）其の国、使を遣はして書を上《たてまつ》り物を貢して云《い》ふ。大国の天子、天の生みし所、願はくは日出づる処、常に漢為《た》れ、中天子波斯国王居和多《きよわた》、千万敬拝すと。

とあるように[25]、「天子」は中国皇帝の専称ではなかったのである。倭王は倭隋の関係のみならず広くアジアの国際関係を検討した上で天子号を採用したのであろう。

さて、開皇二十年の遣使によって「天子」の説明を受けた倭では、これを機にそれを採用するとともに、「天子（＝天帝の子）」を日本流に解釈し、天帝（＝宇宙の主宰者・造化の神）に対して高天原の主宰者であり、至高・至貴の神、すなわち天照大神（＝日神・天神）を充て、天帝の子に対して「天照大神の御魂」を直接にうけてあれました御子ということで御子を充て、ここに「天神御子」という成語を造ったのではあるまいか。天帝と天子との父子関係はあくまでも擬制的であり、血縁関係はないのに対して、「天神」と「御子」とは神統譜・皇統譜で結ばれ、両者に血縁関係があると（呪的・宗教的に）観念された点は異なるが、「天子」も「天神御子」も至高なる神の子という点では一致する。わが「天神御子」は開皇二十年の遣使によってもたらされた「天子」についての知識にもとづく、その日本語訳であると言いたいのである。ただし、原語である「天子」には元来「呪的・宗教的意味」はないのであるが、その訳語「天神御子」に「呪的・宗教的意味」のあることは、すでに述べたところである。しかりとすれば、日本においては「天子」の語にも「呪的・宗教的意味」があると考えら

れたのではなかろうか。そのことを窺うべき手がかりがあるので、次にそれを掲げよう。

『養老儀制令』の第一条は天皇の尊称の各種についての規定であるが、そこには、

天子。〈祭祀に称する所。〉

天皇。〈詔書に称する所。〉

皇帝。〈華夷に称する所。〉

と見え、[26]「天子」号は祭祀にかかわって用いられる。すなわち神祇に告げるときに使用されると規定されている。「天子」号に宗教的な性格が籠められていると考えられたことが窺えるのである。

これに対して、右の規定の手本とされた『唐儀制令』には、

皇帝天子。（夷夏に通じて之を称す。）[27]

と定められていた。中国では「天子」号は夷狄と華夏に通じて用いられる称号であり、そこには宗教的性格はまったく見られない。

以上、開皇二十年の倭の使者が倭王「天弟」「日兄」説の誤りを指摘され、「天子」について説明を受けたであろうこと、倭国では使者の言上にもとづいて「天子」号の採用に踏み切るとともに、それに対応する日本語として呪的・宗教的な性格の濃厚な「天神御子」を考案したのであろうこと、「天子」を「天神御子」の原語と考えた日本儀制令においては、「天子」にも呪的・宗教的な性格を認め、これを「祭祀に称する所」と規定したのであろうことなどの諸点を推測した。

こうして、『記』の「天神御子」の源流を溯って開皇二十年（六〇〇）の遣隋使に辿り着いたのである。筆者の感じとしては、更に古く溯るのではないかと思うが、いまのところ、それを論ずべき手がかりを持ち合せないので、ここまでに甘んじなければならない。

「天神御子」の成立を一応推古朝としておくこととする。とすれば、推古朝には天皇（＝大王）は「天神御子」、すなわち「天神」と考えられるようになったということになる。聖徳太子が「十七条憲法」において天皇の尊厳を強調して止まず、太子の娘上宮《かみつみやの》大娘姫王《いらつめのみこ》が「天に二つの日無く、国に二つの王無し」と言った(28)ということから考えても、推古朝をそのような時期と考えることは不自然ではあるまい。

6　天皇は現（荒）人神

既述の如く、『記』によれば「天神御子」の御子もまた「天神御子」なのであるから「天神御子」＝「天神」という等式が成り立つ。天皇の属性は「天神御子」であり、かつ「天神」そのものでもある。となれば、天皇は人の形となってあらわれた神、すなわち現《あら》（荒）人神《ひとがみ》ということになる。すなわち歴代の天皇はみな現人神なのである。『続日本後紀』嘉祥二年（八四九）三月庚辰条に「我国《わがくに》の聖《ひじり》の皇《きみ》は尊《たふと》く、御坐《おほましまず》か、日《ひ》の宮《みや》の、聖《ひじり》の御子《みこ》の、天下《あめのした》に、御坐《おほまし》て、御世御世《みよみよ》に、相承襲《あひうけつぎ》て、皇毎に現人神と、成給御坐《なりたまひおはしま》せば」とあるのは、その事を言っているのである。従来、天皇を現人神と観ることは、万葉歌（一九・四二六〇）「おほきみはかみにしませば」を根拠に壬申の乱（六七二年）以後のこととされてきたが、「天神御子」の成立を推古朝と推測した前述の考察に従えば、これもそこまで溯ると考えてもよかろう。

『記』には雄略天皇の世に葛城の一言主神《ひとことぬしのかみ》が人に化身して現われたと見える（「恐《かしこ》し、我が大神、宇《う》都志意美《つしおみ》〔現御身《うつしおみ》〕有らんとは、覚らざりき」）が、天皇が現人神であると明言した所はない。「天神御子」の頻用によってそのことを推知すべきであろう。

これに対して『紀』には天皇が現人神であると明記する。すなわち景行四十年是歳条に、

蝦夷《えみし》の賊首《ひとごのかみ》、（中略）望み拝《をが》みて曰さく、仰ぎて君《きみ》が容《みかほ》を視れば、人倫《ひと》に秀れたまへり。若《けだ》し神か。姓名《みな》を知《うけたまは》らむとまうす。王《きみ》（日本武尊）対《こた》へて曰《のたま》はく、吾《われ》は是《これ》、現人神（景行天皇）の子なり。

とある。景行四十年（一一〇）のころ、天皇を現人神とみる思想・信仰があったなどとは到底考えられず、せいぜい『紀』の成立した七二〇年をそれほど溯らないころに成立したのであろう。『万葉集』（一―二九）に持統朝の人麻呂の歌として「玉襷《たまだすき》　畝火の山の　橿原《かしはら》の　日知《ひじり》の御代ゆ　生れまし神のことごと」とあり、神武天皇以来の歴代天皇をすべて神と詠んでいる。これによれば、持統朝（六八九〜九七）において天皇を人の姿をとった神とみる思想の存在したことが知られる。しかし、こ

のことはすでに考察してきたところからして当然であり、あらためて指摘するまでもあるまい。

筆者は先に開皇二十年の遣隋使の言上した倭王「天弟」「日兄」説を使者の個人的見解かもしれないとしたが、それはともあれ、この言上から見て、当時倭王が天（＝天神・天照大神）の子（＝御子・御末裔）であるとする神統譜・皇統譜は成立していなかったと推測される。むしろ、この時「天子」についての説明を聞いてから、倭王は「天神御子」であり天照大神の末裔であるとする系譜伝承が形成されたのではあるまいか。

『記』に見える神統譜が何時ごろ、どのようにして形成されたかは、筆者の力の及ばない難問であるが、『紀』白雉五年（六五四）二月条に、

大唐に遣す押使《すべつかひ》大錦上《だいきむじやう》高向史玄理《たかむくのふひとぐゑんり》（中略）等《ら》、二船に分れ乗らしむ。留連《つたよ》ふこと数月。（中略）遂に京に到りて、天子に観《み》え奉る。是《ここ》に、東宮監門郭丈挙《かくぢやうきよ》、悉《ことごと》くに日本国の地里及び国の初めの神の名を問ふ。皆問ひに随ひて答へつ。

とあるところを見ると、このころまでには『記』に見えるような神統譜は成立していたものと推考される。ここで想起されるのが、『紀』推古二十八年（六二〇）是歳条に、

皇太子・嶋大臣、共に議《はか》りて、天皇記及び国記、臣連伴造国造百八十部幷《あはせ》て公民等の本記《もとつふみ》を録《しる》す。

とある記事である。これらは一口に言って歴史書である。それぞれの具体的内容は不明であるが、そこには、かならずや神統譜・皇統譜が示されていたであろう。これらの系譜は日神信仰の昂揚した推

古朝において、天皇の尊厳を強調して止まなかった聖徳太子によって整えられ記録されたのである。そこには、開皇二十年の遣隋使がもたらした情報にもとづき、倭王「天子」説を日本流に解釈して倭王「天神御子」説が示されていたことであろう。『記』の天皇観はその延長線上にあるというのが一応の結論である。

注

（1）倉野憲司『古事記全註釈』第五巻（昭和五十三年四月）。天皇の即位までを上巻の神話の延長と考えられたためとしている。
（2）倉野『古事記・祝詞』日本古典文学大系1（昭和三十三年六月）。このことはすでに『古事記伝』に指摘されている。
（3）前掲注（1）書、第二巻（昭和四十九年八月）。
（4）『古事記伝』十八、全集第十巻（昭和四十三年十一月）。
（5）注（4）に同じ。『記』上巻では天照大神の事を語るので、その御名を言い、ここは下界から太陽を仰ぎ見ての言である。『紀』はかかる古言に拘泥しないので、神代巻にも多く「日神」と見えるのだという。
（6）『続日本紀』大宝三年（七〇三）十二月癸酉・壬午条。
（7）沢瀉久孝『万葉集注釈』第一巻（昭和三十二年十一月）に、「日の神、天照大神の御末裔の皇子の意」とある。
（8）土屋文明『万葉集年表』（昭和七年四月）。
（9）岡田精司「日奉部と神祇官先行官司」（『古代王権の祭祀と神話』所収、昭和四十五年四月）。

(10)『続群書類従』第七輯下、系譜部。
(11)『紀』欽明元年九月己卯条。
(12)佐伯有清『新撰姓氏録の研究』考証篇第三（昭和五十七年七月）。
(13)『宋書』倭国伝に「順帝昇明二年（四七八）使を遣はして表を上る」とある。
(14)註（13）『宋書』倭国伝とともに岩波文庫所収（昭和二十六年十一月）。
(15)その議論の詳細は「遣隋使の基礎的考察」に見える（坂元義種『日本古代の国家と宗教』下巻所収、昭和五十五年五月）。以下の行論は、この論に負うところ大である。
(16)『馭戎慨言』全集第八巻所収（昭和四十七年四月）。
(17)坂本太郎「聖徳太子の鴻業」『岩波講座日本歴史』所収（昭和九年六月）。
(18)高橋善太郎「遣隋使の研究—日本書記《ママ》と隋書との比較」（『東洋学報』三三—三・四、昭和二十六年十月）。
(19)宮田俊彦「聖徳太子とその時代」（『歴史教育』二—四、昭和二十九年四月）。
(20)増村宏「隋書と日本書紀の遣隋使記事—宮田氏の隋書に対する問いかけについて—」（『鹿児島経大論集』一三—三・四、昭和四十八年三月）。
(21)諸橋轍次『大漢和辞典』巻十（昭和三十四年四月）。
(22)上代語辞典編修委員会『時代別国語大辞典』上代編（昭和四十二年十二月）。
(23)井上光貞『日本の歴史3　飛鳥の朝廷』（昭和四十九年一月）。そこでは過去一世紀にわたってつちかってきた国力と文明に自信をもって、倭王を説明するのに、「天」と「日」をもってしたという。
(24)諸橋轍次『大漢和辞典』巻三（昭和三十一年十月）。

(25)　栗原朋信「日本から隋へ贈った国書」（『日本歴史』二〇三、昭和四十年四月）、および同氏「日・隋交渉の一側面——いわゆる国書問題の再考察——」（『上代日本対外関係の研究』所収、昭和五十三年九月）参照。
(26)　『令義解』儀制令（『新訂増補国史大系』所収）。
(27)　仁井田陞『唐令拾遺』（昭和八年三月）。
(28)　『紀』皇極元年是歳条。

（原題「古事記に於ける天皇像」『古事記研究大系』6、一九九四年、高科書店）

二　『日本書紀』の編纂と古代氏族

1　『日本書紀』編纂のむずかしさ

『日本書紀』編纂の目的は、天皇の国土統治権の淵源を明らかにし、あわせてその正当性を証明することであり、同時にまた諸氏族が天皇の統治にどのようにかかわり、如何に貢献したかを明らかにすることでもあった。したがって諸氏族の伝承が『書紀』に於てどのように採録せられるかは、諸氏族の現実の政治的地位に重大な影響を与えるものと受け止められたことであろう。それ故『書紀』編纂に当って諸氏族の伝承が喰い違う場合に、その記述をめぐって紛糾したこと再三にわたったであろうことは想像に難くない。

いま、本文の次に多くの「一書」を併記する「神代紀」について考えてみよう。「神代紀下」の天孫降臨段を例にとると、すでに別稿で説いた所であるが、(1)持統の諡号改定（大倭《やまと》根《ね》子《こ》天之《あまの》広野《ひろの》日《ひ》女尊《めのみこと》から高天原広野姫天皇）が、持統を皇祖神天照大神に擬定する意図を秘め、文武のそれ（倭根子《やまとねこ》豊《とよ》祖父《おおぢ》天皇から天之《あまの》真《ま》宗《むね》豊《とよ》祖父《おおぢ》天皇）が天孫瓊《に》瓊《に》杵尊《ぎのみこと》への擬定をねらったものとすれば、元明天皇の背後にある藤原不比等は「神代紀」における天皇家の祖先たちとそれをとりまく神々の物語について、藤原氏、言いかえれば中臣氏本位の記述を優先させるよう修史事業に圧力を加えることがあったかも知れない。また、そうはいっても他の諸氏族の主張もあり、すでに『古事記』も完成していることであるから、不比等の思惑どおりにすんなり事が運んだと安易に考えるのも如何かと思われる。その点をもう少し考えてみたい。天孫降臨について『古事記』の言うところは、ほぼ次のようである。

はじめ天照大神はわが子天忍穂耳命《あめのおしほみみのみこと》を天降さんとしたが、下界が騒がしいので高御産巣日神《たかみむすひのかみ》とともに八百万の神を召集してその対策を協議する。しかし、その結果派遣された天菩比神《あめのほひのかみ》、ついで天若日子《あめのわかひこ》ともに大国主神に媚びて復命しない。そこで天照大神の命で建御雷神《たけみかづちのかみ》を遣して大国主に国譲りを承諾させる。ここで天照大神と高木神（高御産巣日）はあらためて天忍穂耳に降臨を命ずるが、支度をしている間に邇邇芸命《ににぎのみこと》が誕生する。二神は忍穂耳の請いにまかせて邇邇芸に降臨を命ずる。二神の命を受けた天宇受売神《あめのうずめのかみ》は猿田毘古神《さるたびこのかみ》が天孫の先導役として途中まで出迎えていることを確認する。かくて（天照大神は）天児屋命以下の五伴緒《いつとものお》を授けて邇邇芸命を天降すが、そのとき勾璁《まがたま》・鏡・剣を賜い、鏡をわが（天照大神の）御魂としてまつれと詔する。こうして天孫は竺紫の日向の高千穂の久士《くし》布流嶺《ふるのみね》に天降るが、そのとき、天忍日命・天津久米命が御前に立って奉仕したという。

では、これに対応すべき『日本書紀』本文の記事はどうであろうか。ここでは「天照大神の子正哉《まさか》吾勝勝速日天忍穂耳尊《あかつかちはやひあまのおしほみみのみこと》、高皇産霊尊《たかみむすひのみこと》の女栲幡千々姫《たくはたちぢひめ》を娶《ま》きたまひて、天津彦彦火瓊瓊杵尊《あまつひこひこほのににぎのみこと》を生《あ》れます」という冒頭部分を除いて天照大神の名は一切見えず、「故《かれ》、皇祖高皇産霊尊、特《おぎろ》に憐愛《めぐしとおもふみこころ》を鍾《あつ》めて、崇《かた》て養《ひだ》したまふ。遂に皇孫天津彦彦火瓊瓊杵尊を立てて、葦原中国の主《きみ》とせむと欲す」という一文をはじめとして、本文中の主役は徹頭徹尾、高皇産霊尊であり、天照大神の名はその片鱗さえ窺われない。

それとあわせて注目されるのは、『記』にいわゆる五伴緒も天忍日命・天津久米命も、はたまた天宇受売神・猿田毘古神も、『紀』の本文には全然姿を現わさないことである。そこに見えるのは「時に、高皇産霊尊、真床追衾《まとこおふすま》を以て、皇孫天津彦彦火瓊瓊杵尊に覆ひて、降りまさしむ。皇孫、乃ち天磐座《あまのいはくら》を離《おしはな》ち、且《また》天八重雲を排分《おしわ》けて、稜威《いつ》の道別《ちわき》に道別《ちわ》きて、日向の襲の高千穂峯に天降ります」という、ごく簡単な記事である。これでは、『書紀』本文には、持統＝天照、文武＝瓊瓊杵という持統一家の主張はいわずもがな、不比等の主張さえ、まったく反映されていないことになり、その点で『古事記』と比べても大幅に後退しているのである。『書紀』本文の記事における持統一家・不比等の主張の後退は、次のように解することによってのみ説明できるのではなかろうか。

すなわち、天孫降臨（天皇の国家統治の起源説話）については、諸氏族の利害が複雑に絡むためか、諸氏族の伝承に異説が多く、なかなか定説が得られなかった。このことは、天孫降臨に触れたものが、『書紀』の本文以外に第一・第二・第四・第六の一書と、都合五種類もあり、これに『古事記』を加えれば六種類の多きに達することからも察せられる。そこで『書紀』編纂に際しては、各種異説に共通する部分部分を抽出し、いわば最大公約数を求めて、これをとりあえず本文として諸氏族を納得させ、諸氏族のより具体的な伝承は一書として以下に適宜配列したものであろう、と。

では『書紀』の本文で天照大神をさしおいて主役を勤める高皇《たかみ》産霊尊《むすひのみこと》とはどのような神であろうか。この神を祖神とする氏族を『新撰姓氏録』によって調べると、四十一氏の多きを数えるのであるが、それらのなかには、八世紀において新興藤原氏に対抗した、古代豪族の雄大伴宿禰氏、神祇祭祀の世界で中臣氏と鋭く対立した斎《いん》(忌)部《べ》宿禰氏、五伴緒《いつとものお》のうちの玉祖命《たまのおやのみこと》を祖神とする玉祖宿禰氏らの名が見える。

これを要するに高皇産霊尊の後裔氏族は、反藤原・中臣の氏族か、少なくとも、これと競合する氏族であった。

したがって、『書紀』本文は反藤原・中臣的諸氏族の共通の祖神高皇産霊尊が立役者となっており、しかもこれが「皇祖」とまで強調されているのであるから、持統一家や不比等の主張は、まったく生かされていないことになる。これでは『書紀』本文は諸説の最大公約数を記したのではないかという先の推定すら疑われるのであり、むしろ持統一家・不比等らの敗北の結果とさえいえそうである。では次に、第一の一書はどうであろうか。ここでは天孫は思兼神《おもいかねのかみ》の妹万幡豊秋津姫命《よろずはたとよあきつひめのみこと》の生むところとなっており、その父高皇産霊尊の名は意識的に伏せられている。また天孫に降臨を命ずるのも、ただ天照大神に限られ、高皇産霊尊はまったく影を潜めてしまう。また天孫に随従する五部神《いつとものおのかみ》は『古事記』の五伴緒《いつとものお》と用字に小異があるものの、訓みは完全に一致し、また神々の順序も一致する。しかし、『古事記』に登場する天忍日命・天津久米命は高皇産霊尊同様、まったくその姿を見せない。また『書紀』本文には見えない、いわゆる天壌無窮の神勅が第一の一書には見えるが、『古事記』にもその原型と思われる詔が見え、その点両者は近似する。ただ、第一の一書が高皇産霊尊・天忍日命・天津久米命を無視する点で大伴系の伝承を排除する意図を秘めたものと解されるのである。それだけに天孫降臨段の第一の一書こそ持統一家と不比等の主張を具現するものであったと言ってよかろう。とくに『古事記』では、まだ、かならずしもはっきりしなかった天孫の日本統治の正当性の主張は、第一の一書の天壌無窮の神勅によって確固たる根拠を据えられた感があり、古来とくに重視されたのであるが、『古事記』に比べて荘重な漢文で表現され、仏教の影響も認められるこの神勅は、それだけに最も新しい文体であり、『古事記』成立以後、『日本書紀』完成直前までの短期間の作文であることを想わせ、ここにも元明女帝や不比等の皇統擁護の強烈な意欲を読み取ることができるように思われる。

以上、『日本書紀』編纂の事情について具体的に考察をめぐらしてみたのであるが、『書紀』編纂事業の進行しつつあったであろう養老年間において不比等は右大臣で太政官の首班であり、第二子房前《ふささき》も参議として台閣に列していた。不比等の継室橘三千代《たちばなのみちよ》は女官として元明・元正女帝の信任が厚く、また彼の長女宮子は文武夫人で皇太子首皇子《おびとのみこ》の生母であり、三女光明子《こうみょうし》は皇太子妃であった。いずれの点をとってみても、不比等に拮抗し得るような貴族は他にいなかったといってよい。

ところが、先に見たように、その不比等の勢威をもってしても、『書紀』の編纂は意のままにはならなかったのである。そこには諸氏族の必死の抵抗があったのであろう。不比等の心労も如何ばかりかと想われるではないか。『続日本紀』によれば『日本（書）紀』の完成奏上は養老四年（七二〇）五月癸酉（二十一日）のことという。同書には、それから六十八日後の同年八月辛巳朔条に不比等の病により度《ど》三十人を賜い天下に大赦すると見え、その二日後の癸未（三日）条には不比等の薨去を記す。『書紀』奏上と、その七十日後の不比等の死亡には因果関係があるとみてもおかしくない。『書紀』編纂に当っての心労が死の原因となったのではあるまいか。

このように考えてよければ、『日本書紀』の編纂事業は時の権力者藤原不比等の命をも縮めるほどの難事業であったということになる。これをもって推せば、これが古代の諸氏族に与えたインパクトも、決して僅少ではなかったであろう。

次に、その一例をあげてみよう。

2　『日本書紀』と穂積朝臣氏

『万葉集』巻三に次のような歌が見える。

穂積朝臣老《ほづみのあそんおゆ》の歌一首

吾が命《いのち》し　ま幸《さき》くあらば　またも見む　志賀の大津に　寄する白波（三―二八八）

右、今案《いまかむが》ふるに幸行《いでまし》の年月を審《つまび》らかにせず。

左註によると『万葉』の編者はこの歌を老《おゆ》が天皇の行幸に供奉して志賀の大津を訪れたとき（その風光を賞《め》でて）詠んだものと考えているようであるが、この歌には、有間皇子《ありまのみこ》の「磐代《いはしろ》の　浜松が枝を　引き結び　ま幸《さき》くあらば　また還り見む（二―一四一）」の歌にも似て一種の悲愴感が漂っており、異常な状況の下での作歌と想われるのである。

そこで老の経歴を検すると、『続日本紀』養老六年正月壬戌条に、

正四位上多治比真人三宅麻呂《たぢひのまひとみやけまろ》、謀反《むへん》を誣告《ぶこく》し、正五位上穂積朝臣老《ほづみのあそんおゆ》、乗輿《じょうよ》を指斥《ししゃく》するに坐して、並びに斬刑に処せらる。而るに皇太子の奏に依りて、死一等を降し、三宅麻呂を伊豆嶋に、老を佐渡嶋に配流《はいる》す。

とあり、老が佐渡配流となったことが知られる。佐渡配流の途中志賀の大津を通過するはずであり、右の歌はそのときのものと推察されるのである。(2)

ところで『続紀』は老の配流の理由を「乗輿を指斥する」とする。「乗輿」とは言うまでもなく、天皇のことであり（儀制令天子条）、「指斥」とは名指しで誹謗することである。「乗輿を指斥する」とは、したがって天皇を名指しで非難することである。これは名例律の定める「八虐」のうちの六の大不敬のなかの「乗輿を指斥するが、情理切害《じゃうりせつがい》ある」、すなわち天皇を名指しで非難し情状過激にわた

ることに相当し、職制律[3]によれば斬刑に処せられるべきものである。では、この場合の乗輿とは誰か。時の天皇は元正女帝であるが、前年十二月に崩じた元明太上天皇を指すかもしれない。いまは、いずれともわからないが、皇太子の奏言を容れて減刑を命じたのが元正女帝であることは確かであるから、乗輿もまた元正を指すものと考えておこう。次に問題となるのは、老が何故に「乗輿を指斥」したかということである。老が天皇を非難したのは個人的な理由からではあるまい。つまり私憤によるのではなく公憤によるのであろう。では公憤とは何か、それは穂積朝臣氏全体の名誉にかかわることではあるまいか。当時、同氏では老が最高位の官人[4]であり、いわば氏上の地位にあったと推測されるが、その立場上、氏の名誉を主張し、これを守ることは彼の義務でもあったろう。これに関連して想起されるのは、このときより一年半ほど前すなわち養老四年五月に完成奏進された『日本書紀』である。『書紀』は天皇の国土支配の歴史を述べた正史であるが、そこでは諸氏族が天皇の支配にどのようにかかわり貢献したかが具体的に記述される。諸氏族の政治的地位はそれによって決定される。諸氏族が何時から天皇に仕えるようになったか、皇室との婚姻関係はどの様であるかなどが、『書紀』においてどう記載されるかは、諸氏族にとって重大な関心事であった。したがって『書紀』撰上の翌年、はじめてその講読が行われ[5]、その内容が明らかにされるに及んで諸氏族はそれぞれに衝撃をうけたことであろう。その場合比較の材料として『古事記』も参照されたことであろう。

さて、問題としている穂積氏について『古事記』と『日本書紀』とを比較して、どのような違いがあるであろうか、検討してみよう。孝元紀および開化前紀によると孝元天皇の皇后で開化天皇の生母である鬱色謎命《うつしこめのみこと》は穂積臣の遠祖鬱色雄命《うつしこおのみこと》の妹であるという。『古事記』には皇后とはないが孝元が内《うつ》色許売命《しこめのみこと》を娶って開化を生んだとあり、ここでは『書紀』と所伝を同じくする。

景行五十一年紀には日本武尊の妃と子女がまとめて記載されるが、[6]そのなかに「次妃穂積氏忍山《ほづみのうじのおしやまの》宿禰《すくね》の女弟橘媛《おとたちばなひめ》、稚武彦王《わかたけひこのみこ》を生めり」とある。その弟橘媛が、尊に従って東国に赴き、走水《はしりみず》の海で入水した件りを述べた景行四十年紀には「時に王《みこ》に従ひまつる妾有り。弟橘媛と曰ふ。穂積氏忍山《おしやまの》宿禰《すくね》の女《むすめ》なり」とある。ここに妾とあるのは妻に次ぐ身分を表す語であるが、『書紀』で妾の字の用例を検すると、その殆んどが「妻妾」という熟語か女性の卑称代名詞であり、身分称呼としての妾はここのみである。八世紀では戸籍でも庶民に妻妾の別があり、妾の地位の低いことが知られていた。『書紀』が弟橘媛を日本武尊の妾としたのは異例というべきである。このことは、『古事記』で弟橘媛がどのように扱われているかを比較することによって一層明らかとなろう。

其れより入り幸《い》でまして、走水《はしりみづ》の海を渡りたまひし時、其の渡《わたり》の神浪を興して、船を廻《めぐ》らして得《え》進み渡りたまはざりき。爾《ここ》に其の后、名は弟橘比売命《おとたちばなひめのみこと》白《まを》したまひしく、「妾《あれ》、御子に易《かは》りて海の中に入らむ。御子は遣はさえし政を遂げて覆奏したまふべし」とまをして、海に入りたまはむとする時に、菅畳八重《すがだたみやへ》、皮畳八重、絁畳《きぬだたみ》八重を波の上に敷きて、其の上に下《お》り坐しき。是に其の暴浪《あらなみ》自ら伏《な》ぎて、御船得《え》進みき。爾に其の后歌ひたまひしく、（中略）とうたひたまひき。故《かれ》、七日の後、其の后の御櫛《みくし》海辺に依りき。乃ち其の櫛を取りて、御陵を作りて治《をさ》め置きき。

『古事記』では弟橘比売命を后(7)、その墓を陵としている。ヤマトタケルを天皇に準ずる扱いをすると同時に、弟橘比売命を大后に準ずる扱いをしているのである。これに対して『書紀』はすでに見たように、弟橘媛を妾ときめ付けている。両者の落差は、はなはだ大きいといわねばならない。『書紀』によれば穂積氏と皇室との婚姻はすでに示したウツシコメとオトタチバナヒメと二例があるにすぎないが、その一例において『古事記』は后とし『書紀』は妾とするのである。『書紀』の編纂に穂積氏が不満を抱いたことは想像に難くない。その不満はやがて『書紀』を嘉納された天皇に向けられるであろう。かくて穂積老は元正天皇を非難して止まない。これが終に天皇の知るところとなり、老の佐渡配流となったのではなかろうか。

穂積氏と皇室の婚姻は『古事記』によれば、もう一例ある。それは、

若帯日子《わかたらしひこ》(成務)天皇、(中略)此の天皇、穂積臣等の祖、建忍山垂根《たけおしやまたりね》の女、名は弟《おと》財《たからの》郎女《いつらめ》を娶《めと》して生みませる御子、和《わ》訶《か》奴《ぬ》気王《けのみこ》。

であるが、このことは『書紀』には、まったく見えない。老の不満はここにもあったことであろう。なお、以上の他に穂積氏関係記事を『書紀』から拾うと、継体紀の押山《おしやま》、孝徳紀の咋《くい》(囓)、壬申紀の百足《ももたり》・五百枝《いおえ》兄弟のことなどがある。

押山については継体六年十月紀に百済は任那《みまな》の上哆唎《おこしたり》・下哆唎《あろしたり》・娑陀《さだ》・牟婁《むろ》の四県を請うたが、そ

のうち哆唎国守《たりのくにのみこともち》押山《おしやま》は、その与えることの可なることを奏し、大伴大連《おおむらじ》金村《かなむら》は、その言を得て謀を同じくして上奏した。よって、上表のままに四県を百済に賜った。後、流言があって金村と押山はともに百済の賂《まいない》を受けたといわれたと見える。この話は『古事記』には見えないが、穂積氏にとって不名誉な話ではある。

孝徳紀の咋《くい》については大化元年八月、東国国司となり、同二年三月、朝集使の申状にその犯す所は百姓の中において戸ごとに求め索《こ》い、よって悔《く》いて物を還すも、尽《ことごと》くは与えずとあり、紀麻利耆拕《きのまりきたの》臣《おみ》、巨勢徳禰臣《こせのとこねのおみ》と三人、怠り拙き所なりと詔せられた。つまり咋は天皇の付託に応えて国司の任を全うすることができなかったのである。これも勿論『古事記』には見えない。

また、壬申紀六月条によると百足・五百枝兄弟は乱に際して近江朝廷に属し、兵を興すために倭京に遣わされ、飛鳥寺を営としたが、吉野方の将大伴吹負《ふけい》の奇襲攻撃を受け、百足は殺され、五百枝は捕えられたという。これも当然『古事記』には見えないが、天武系皇統の時代において穂積氏にとって不名誉な話である。

以上『書紀』の記事によって穂積氏を評価すれば、その評価は決して高いものではあるまい。況んや『古事記』で天皇に準ずる扱いを受けているヤマトタケルの后とされるオトタチバナヒメが『書紀』では妾とされ、両者の間には大きな落差があるのである。また任那問題や壬申の乱でも穂積氏はマイナス評価を受けなければならなかった。

このように『日本書紀』の内容は穂積氏にとっては不本意な点が多かったのである。したがってそのような『日本書紀』の奏進を得て、元正女帝がこれを嘉納されたことは、わが国最初の正史である『日本書紀』における穂積氏の評価を決定づけることであり、穂積氏の現在および将来における政治的地位を固定化するものである。それは当時穂積氏の氏上的立場にあった老にとっては到底容認できないことであった。かくて老は『書紀』を嘉納した元正女帝を批判して止まない。「乗輿を指斥する」事件が起った所以である。

さて『日本書紀』三十巻を各巻の文体や用字法などから分類する研究は早くから行なわれているが、今日最も妥当性が高いとされるのは、次のような分類法である。

巻3〜13（伊グループ）
巻14〜21（呂グループ）
巻22・23（イグループ）
巻24〜27（ロググループ）
巻28・29（伊＃イ＃28・29）
巻30（呂＃ロ＃30）

これにより『書紀』における穂積氏関係記事の分布を見ると孝元紀・開化紀は巻4（伊）、景行紀は巻7（伊）、成務紀は巻7（伊）、継体紀は巻17（呂）、壬申紀は巻28というように双方のグループに跨がっている。ということは穂積氏の利害を代表するような『書紀』編者が双方のグループに居なかったことを暗示している。『書紀』編者は両グループとも穂積氏に対しては冷淡であったと言えるのではなかろうか。『書紀』の編纂事業は極めて政治的であり、諸氏族の利害が衝突し、しばしば紛糾したことであろう。『書紀』奏進から七十日目に藤原不比等が薨じたのも、『書紀』編纂に当っての紛糾と諸氏族の頑強な抵抗に手を焼き、心労のあまり寿命を縮めたためではないかとさえ想像されることはすでに述べたところである。おそらく『書紀』編纂に当っては諸氏族の利害が衝突し、その調整は想像以上に難航したことであろう。そう考えれば、老が八虐を犯してまで天皇を非難したのも、もっともなことであったかも知れない。

注

（1）拙稿「『日本書紀』と藤原不比等」（『律令国家成立史の研究』所収）。

（2）『万葉集』巻十三（三二四〇・三二四一）に、

大君の　命畏み　見れど飽かぬ　奈良山越えて　真木積む　泉の川の　速き瀬を　竿さし渡り　ちはやぶる　宇治の渡りの　滝つ瀬を　見つつ渡りて　近江道の　相坂山に　手向して　わが越え行けば　楽浪の　志賀の韓崎　幸くあらば　また還り見む　道の隈　八十隈毎に　嘆きつつ　わが過ぎ行けば　いや遠に　里離り来ぬ　いや高に　山も越え来ぬ　剣刀　鞘ゆ抜き出でて　伊香胡山　如何にかわが為む　行方知らずて

反歌

天地を嘆き乞ひ禱み幸くあらばまた還り見む志賀の韓崎

右二首。但しこの短歌は、或る書に云はく、穂積朝臣老の佐渡に配《なが》さえし時作れる歌なりといへり。

とあるので、『万葉』の編者は巻三—二八八の歌を別時の作と考えたのであろう。二八八の歌を佐渡配流の途次の作とするものに土屋文明の『万葉集年表』がある。しかし澤瀉久孝『万葉集注釈』は「それは結局推測の域を脱しないものである」とする。老の配流途次の歌というものが、数首伝えられていたのであろうから、二八八の歌も歌意からみてそのときのものと考えてよかろう。

（3）職制律指斥乗輿条。
凡指斥乗輿、情理切害者斬。〈謂。言議乗輿。原情及理。倶有切害者〉（凡そ乗輿を指斥《ししゃく》するが、情理切《じょうりせつ》害《がい》あらば、斬《ざん》。〈謂《い》ふこころは、乗輿を言議《ごんぎ》し、情及び理に原《もと》づけば、倶《とも》に切害有るをいふ〉。

（4）八世紀前半における穂積朝臣氏の五位の官人では山守が正五位下、老人・多理が従五位下で、正五位上の老が最高位である。

（5）『釈日本紀』巻一「開題」に、

日本紀講例康保二年外記勘申

養老五年

博士或いは注せずと云ふ

竟宴

とあるが、確かなこととはいえない。

（6）『古事記』でも景行段の末尾に倭建命の系譜が記載されており、一般の皇子とは異なった扱われ方が見られる。

（7）『常陸国風土記』行方郡の条に、

倭武天皇の后大橘比売命、倭より降り来て、此の地に参り遇ひたまひき。

とあるのは弟橘比売命の異伝であるが、ここでは倭武は天皇、比売は后とある。

（原題「同」『古代国家の歴史と伝承』一九九四年、吉川弘文館）

Ⅱ　物部氏の伝承と蘇我氏

一　物部氏と海部 ――古代の航海――

はじめに

物部氏の祖先神饒速日命《かむにぎはやひのみこと》が天神の子として、天磐船《あまのいわふね》に乗って天降ったという神話は、天皇の祖先神瓊瓊杵尊《ににぎのみこと》が天照大神（および高皇産霊尊）の孫として「天磐座《あまのいわくら》を離《おしはな》ち、また天八重雲《あめのやえたなぐも》を排分《おしわ》けて、稜威《い》の道別《ちわき》に道別きて」高千穂の峰に天降ったという神話とその骨組において一致する。

加えて、この物部氏祖先伝承が「神武紀」に明記されているところを見れば、物部氏の尊貴性が『日本書紀』編纂の史局において承認されたこと、換言すれば天武以下元正に至る七世紀末〜八世紀初頭の歴代天皇によって公認されたことは疑えず、そこに古代豪族中における物部氏の特異な性格が窺えるのではなかろうか。天武八姓の実施に当たり、連姓氏族のうちの中臣・物部の二氏だけが、とくに抜擢されて朝臣姓を賜与されたのは、中臣氏はしばらくおくとして、物部氏だけに関していえば、右の降臨神話にもとづく氏族の尊貴性と深い関係があろう。

ところで、天皇家の神話では瓊瓊杵尊の日向への降臨後三代をへて神武天皇が大和へ東征することになっているが、物部氏のそれでは饒速日命は、まず河内国の河上の哮峰《いかるがのたけ》に天降り、そこから（東の方）大和国の鳥見の白庭山に遷坐したという（「天孫本紀」）から、後者は前者をかなり簡約化したものと評することもできよう。

それはさておき、天降と東征——垂直移動（実際にはあり得ないが）と水平移動——は換言すれば国外からの渡来と国内での移動ということであろうが、神武東征に海人族が深くかかわっていることからすれば、饒速日命の天降に際しても航海民の関与が想定されなければなるまい。右の伝承が、かならずしも史実とまったく無関係ではあるまいと考えるかぎり、古代の天降神話の背景にシー・ピープルの存在を認めなければなるまい。神武東征については、かつて考察したことがあるので（「海人族と神武東征物語」『律令国家成立史の研究』所収）、ここでは物部氏の伝承について若干の考察を試みることとする。

1　「天神本紀」について

『先代旧事本紀』巻三の「天神本紀」はその冒頭において饒速日尊の天降りに関する詳細にして、かつきわめてユニークな伝承を記載して人の注目を集めている。そこには記紀神話の影響も認められないではないが（天降の指令神を高皇産霊尊《たかみむすひのみこと》とするごとき）、全体としてみれば他の文献からは窺い知ることのできないものが多い。

まず関連部分を掲げる。（頭書の数字は行数）

先代旧事本紀巻第三

天神本紀

正哉《まさか》吾《あ》勝々速日《かつかちはやひ》天押穂耳尊《あめのおしほみみのみこと》

天照太神《あまてらすおほみかみ》詔して曰はく、豊葦原《とよあしはら》の千《ち》秋長《あきなが》五百《いほ》秋長《あきなが》の瑞穂国《みづほのくに》は、吾が御子正哉《まさか》吾《あ》勝々速日天押穂《かつかちはやひあめのおしほ》耳尊《みみのみこと》の知らす可き国なりと、言寄《ことよ》さし詔《の》りごち賜ひて天降りしたまふ時、高皇産霊尊《たかみむすひのみこと》の児《みこ》思兼《おもひかね》神《のかみ》の妹萬幡豊秋津師姫栲幡千々姫命《よろづはたとよあきつしひめたくはたちぢひめのみこと》を妃《みめ》と為《し》て、天照国照彦天火明櫛玉饒速日尊《あまてるくにてるひこあまのほあかりくしたまにぎはやひのみこと》を誕生《あれます》の時、正哉《まさか》吾《あ》勝々速日天押穂耳尊《かつかちはやひあめのおしほみみのみこと》奏して曰はく、僕《やつがれ》降《くだ》らんと欲《おも》ひて装束《よそ》ふ間《ほど》に、生《あ》れし児《みこ》あり。此《これ》を以て降したまふ可しと。詔して之を許したまふ。天神《あまつかみ》の御祖《みおや》詔して、天璽《あまつしるし》の瑞宝《みづたから》十種《くさ》を授けたまふ。謂《い》はゆる瀛都鏡《おきつかがみ》一つ、辺都鏡《へつかがみ》一つ、八握剱《やつかのつるぎ》一つ、生玉《いくたま》一つ、死反玉《まかるかへしのたま》一つ、足玉《たるたま》一つ、道反玉《ちかへしのたま》一つ、蛇比礼《おろちのひれ》一つ、蜂比礼《はちのひれ》一つ、品物比礼《くさぐさのもののひれ》一つ、是れなり。天神の御祖教へ詔りごちて曰はく、若《も》し痛む処有らば、茲《こ》の十《とくさ》の宝をして、一つ二つ三つ四つ五つ六つ七つ八つ九つ十と謂《い》ひて布瑠部《ふるへ》、由良由良《ゆらゆら》と布瑠部《ふるへ》、如此《かく》為《な》さば、死《まか》れる人反《かへ》り生きむと。是れ則ち謂《い》はゆる布瑠《ふる》の言《こと》の本《もと》なり。高皇産霊尊勅《みことの》りして曰はく、若《も》し葦原中国《あしはらのなかつくに》の敵《あだ》、神《かみ》人を拒《ほせ》ぎて待ち戦ふ者有らば、能《よ》く方便《たばかり》を為《な》し、誘欺防拒《こしらへふせ》ぎて治め平《むけ》しめよと。三十二人《みそあまりふたり》をして並《なら》びに防衛《ふせぎまもり》として、天降し供《つか》へ奉らしめたまふ。
天香語山命《あまのかごやまのみこと》　尾張連等《おはりのむらじたち》の祖《おや》
天鈿売命《うずめのみこと》　猿女君《さるめのきみ》等の祖
天太玉《ふとだま》命　忌部首《いむべのおびと》等の祖
天児屋《こやね》命　中臣連等の祖
天櫛玉《くしたま》命　鴨県主《かものあがたぬし》等の祖
天道根命　川瀬造《かわせのみやつこ》等の祖
天神玉《かむたま》命　三嶋県主等の祖
天椹野《むくの》命　中跡直《なかとのあたひ》等の祖
天糠戸《ぬかと》命　鏡作連《かがみつくりのむらじ》等の祖
天明玉《あかるたま》命　玉作《たまつくり》連等の祖
天村雲《むらくも》命　度会神主《わたらひのかむぬし》等の祖
天神立《かむたち》命　山背久我直《やましろのこがのあたひ》等の祖
天御《み》陰《かけ》命　凡河内直《おほしかふちのあたひ》等の祖
天造日女《みやつこひめ》命　阿曇連《あづみのむらじ》等の祖
天世《せ》乎《を》命　久《こ》我直《がのあたひ》等の祖

天斗麻禰《とまね》命　額田部湯坐連《ぬかたべのゆゑのむらじ》等の祖
天背男《せを》命　尾張中嶋海部直《おはりのなかじまのあまべのあたひ》等の祖
天玉櫛彦《たまくしひこ》命　間人連《はしひとのむらじ》等の祖
天湯津彦《ゆつひこ》命　安芸国造《あきのくにのみやつこ》等の祖
天神魂《かみむすひ》命〈亦三統彦《みむねひこ》命と云ふ〉　葛野鴨県主《かどののかものあがたぬし》等の祖
天三降《みくだり》命　豊国宇佐国造《とよくにのうさのくにのみやつこ》等の祖
天日神《ひのかみ》命　対馬県主《つしまのあがたぬし》等の祖
乳速日《ちはやひ》命　広湍神麻続連《ひろせのかんをみのむらじ》等の祖
八坂彦《やさかひこ》命　伊勢神麻続連《いせのかんをみのむらじ》等の祖
伊佐布魂《いさふむすひ》命　倭文連《しどりのむらじ》等の祖
伊岐志邇保《いきしにほ》命　山代国造《やましろのくにのみやつこ》等の祖
活玉《いくたま》命　新田部直《にひたべのあたひ》等の祖
少彦根《すくなひこね》命　鳥取連《ととりのむらじ》等の祖
事湯彦《ことゆつひこ》命　畝尾連《うねをのむらじ》等の祖
八意思兼神《やつごころおもひかねのかみ》の児表春《こうははる》命　信乃阿智祝部《しなののあちのはふりべ》等の祖
次に下春《したはる》命　武蔵秩父国造《むさしのちちぶのくにのみやつこ》等の祖

月神《つきのかみ》命　壱《い》岐県主《きのあがたぬし》等の祖
五部人《いつとものをのかみ》を副へ従《みとも》と為《し》て天降り供《つか》へ奉《まつ》る。
物部造《もののべのみやつこ》等《たち》の祖天津《あまつ》麻良《まら》
笠縫部《かさぬひべ》等《たち》の祖天勇蘇《あまのゆそ》
為奈部《ゐなべ》等の祖天津《あまつ》赤占《あかうら》
十市部首《とをちべのおびと》等の祖富富侶《ほほろ》
筑紫弦田物部《つくしのつるたのもののべ》等の祖天津《あまつ》赤星《あかほし》
五部造《いつとものみやつこ》、伴領《とものをさ》と為《し》て天物部《あめのもののべ》を率《ゐ》て天降り供へ奉る。
二田造《ふつたのみやつこ》
大庭造《おほばのみやつこ》
舎人造《とねりのみやつこ》
勇《ゆ》蘇造《そのみやつこ》
坂戸造《さかとのみやつこ》
天物部《あまつもののべ》等二十五部人《はたちあまりいつとものをのかみ》、同じく兵仗《つはもの》を帯《お》びて天降り供《つか》へ奉《まつ》る。
二田《ふつた》物部《もののべ》　当麻《たぎまの》物部
芹田《せりた》物部　鳥見《とみ》物部

横田《よこた》物部　嶋戸《しまと》物部
浮田《うきた》物部　巷宜《そが》物部
足田《たるた》物部　須尺《すさか》物部
田《た》尻《しり》物部　赤間《あかま》物部
久米《くめ》物部　狭《さ》竹《たけ》物部
大豆《おほまめ》物部　肩野《かたの》物部
羽束《はつかし》物部　尋津《ひろきつ》物部
布《ふ》都留《つる》物部　経《ふ》迹《と》物部
讃岐三《さぬきのみ》野《のの》物部　相槻《なみつき》物部
筑紫聞《つくしのきく》物部　播磨《はりま》物部
筑紫贄田《にえた》物部
船長《ふねのをさ》、同じく共に梶取《かぢとり》等を率領《ひきゐ》て天降り供《つか》へ奉《まつ》る。
船長跡部首等《あとべのおびとたち》の祖天津《あまつ》羽《は》原《ばら》
梶取阿《かぢとりあ》刀造《とのみやつこ》等の祖大麻《おほま》良《ら》
船子倭鍛師《ふなこやまとのかぬち》等の祖天津《あまつ》真浦《まら》
笠縫等《かさぬひたち》の祖天津《あまつ》麻《ま》占《うら》

曾《そ》曾笠縫《そのかさぬひ》等の祖天津《あまつ》赤麻良《あかまら》
為《ゐ》奈《な》部《べ》等の祖天都《あまつ》赤星《あかぼし》
饒速日尊《にぎはやひのみこと》、天　神《あまつかみ》の御《み》祖《おや》の詔を稟《う》け、天磐船《あめのいはふね》に乗りて、河内国の河上の哮　峯《いかるがのみね》に天降り坐《ま》し、即ち大倭国《やまとのくに》の鳥見《とみ》の白庭山《しらにはのやま》に遷《うつ》り坐《ま》す。謂《い》はゆる天磐船《あめのいはふね》に乗りて、大虚空《おほそら》を翔《かけ》り行き、是の郷《さと》を巡《めぐ》り睨《み》て、天降り坐す。即ち虚空《そら》見日本国《みつやまとのくに》と謂《のたま》ふは是れなり。

右引用文中、注意すべき点を二、三指摘すると、第1〜第5行のはじめでは『記紀』に拠った部分でオリジナリティはないが、「天神の御祖」以下はほとんど『記紀』などに見えぬ独自の記事である。そこで冒頭に見える「天神の御祖」が如何なる神であるか、固有名詞も現われず、結局饒速日尊《にぎはやひのみこと》自体、系統不分明ということになる点が注目される。したがって、第10行目の高皇産霊尊（天降の指令神）は『記紀』に拠ったものであろう。それ故、饒速日に随う三十二人の防衛神のなかに瓊瓊杵尊に授けられた五伴緒《いつとものお》（五部神）の名が混じっていたりもするのであろう。

さて、その三十二人の防衛神について考察すると、第14行天鈿売命《あめのうずめのみこと》以下の三神、第21・22行の天《あめの》糠戸命《ぬかとのみこと》ら二神とあわせて五柱の神々は、いわゆる五伴緒（五部神）で、本来天孫降臨に随ったのであるから、ここに見えるのはおかしい。当然削除すべきものであるが、同時に中臣氏の祖先神天児屋命《あめのこやねのみこと》が、その中の三番目に出てくることにも注目しておきたい。アンチ中臣の意識が働いていると思われるからである。

次に第42行の八意思兼神《やつごころおもいかねのかみ》であるが、この神は『記』では天孫降臨のさいに活動し、『紀』では天《あま》石窟《のいわや》の件りに登場する。したがって、此の神の子表春命《うわはるのみこと》・下春命《したはるのみこと》が饒速日に随従したというのも不自然であり、当然削除すべきものと思われる。かくて、三十二人の防衛神から右の七人を除いた二十五人が本来の伝承、ないしより原型に近いものではあるまいか。

もし、以上の推定が認められるとすると、以下の「五部人に副へ従《みとも》と為《し》て天降り仕へ奉る」「五部造、伴領《とものをさ》と為《し》て天物部を率て天降り仕へ奉る」「天物部等二十五部人、同じく兵仗を帯びて天降り仕へ奉る」とあわせて、饒速日尊の天降りに供奉した人びと（集団）は、いずれも五、ないし五の倍数から成っていたことになるが、百済の五部・五方、高句麗の五部などツングース系扶余族の社会が五を単位としていることと対比して、物部氏もまた北方の遊牧騎馬民族にその起源を有するものと考うべきものかもしれない。

しかし、本稿における主題はそこにはない。次に見える船長《ふねのおさ》以下航海に携わったとされる一群の人名についての考察こそが本稿の主題なのである。次に船長以下について個別に検討を加えてみよう。

2　船長と梶取・船子

〔船長〕　跡部首《あとべのおびと》の氏姓は他に見えないが、跡部《あとべ》の地名は河内国渋川郡跡部郷のほか伊勢国安濃郡、美濃国武芸郡、信濃国小県郡などにもあり（『和名抄』その他）、ここの跡部首は、それらのうちいずれかの跡部の民を率いた地方的伴造であろう。跡部は阿刀部に同じく、それはまた阿刀物部に同じと考えられ、いずれにしても物部氏の族とされたものである。ただし、『新撰姓氏録』未定雑姓、摂津国の条に「山都多祁流比女命《やまとたけるひめのみこと》の後」とある阿刀部氏は祖神の名が他に見えないので物部氏との関係は不明であるが、同書によれば摂津国神別の阿刀連は饒速日の後というから、阿刀部もその配下で物部系とみてよかろう。後述するように為奈部との関係を考慮に入れると、跡部首は摂津もしくは伊勢のアト部を率いた可能性が大きい。天津羽原《あまつはばら》については、とくに考えるところはない。

〔梶取〕　辞書に「かいを取る人、漕ぎ手、船頭」とあるが（『時代別国語大辞典』上代編）、次に船子が見えるから、ここは操舵手、大袈裟に言えば航海長と見るべきであろう。阿刀造は後に連姓となり、天武十三年には宿禰姓を賜ったが、『新撰姓氏録』左京神別上によれば「石上同祖」つまり物部氏族といわれる。後述するように伊勢国員弁郡に阿刀野の地名があったことからも𠀋ナ部との関係が推測される。人名大麻良《おおまら》については考えるところがない。

〔船子〕　辞書に「船人、船員」（前掲書）とあるが、これは以下の人名すべてにかかるもののようであるから、船長・梶取の下にあって操船・航海の実務を分担した下級船員とみるべきであろう。

さて、船子として初めにあげられた倭鍛師《やまとのかぬち》であるが、古代の木造船になぜ鍛冶屋が必要なのか、また、古代の鍛冶屋には倭鍛冶と韓鍛冶の別があったが、ここでは、なぜ倭鍛冶なのか、の二点を問題にしたい。

まず、第一の点について言えば、古代の木造船といえども鉄資材をまったく使わなかったとは考えられないから、造船と鍛冶屋が無縁でないことは認められよう。後世の史料ではあるが、円仁の『入《にっ》唐求法巡礼行記《とうぐほうじゅんれいこうき》』巻第一に「（承和五年八月）廿七日。平鉄は波の衝くところと為り、悉《ことごと》く脱落す」とあるのも一証となる。また、『延喜大蔵省式』によれば、遣唐使一行中に「鍛生」「鋳生」「細工生」などの技術者の名称が見え、遣新羅使のなかにも「鍛工」が加えられている。これによれば、彼らは使船に乗り組み、船中の小修理などに当たったのであろう。もしそう考えてよければ、船内に鍛冶のための施設が設けられていたことになるが、木造船内で火を使うのであるから、石などで厳重に仕切られた区画の存在が想定されなければならないであろう。鍛冶屋は船舶建造の時だけではなく、船舶航行中の小修理のためにも必要な存在であったとすべきであろう。

次に、第二の点に移ろう。平野邦雄氏は、「五世紀はじめの鍛造＝練鉄技術が、鋳造＝銑鉄・鋳銅技術とともに、新羅系である」「百済系の韓鍛冶は、そのあとに革新的な技術として伝来した」とされ、次のような図式を示された。

五世紀初ごろ　新羅→倭鍛冶（鋳銅・銑鉄＝鋳工）鉄鋌輸入→非品部・雑戸＝秦系
五世紀後半より百済→韓鍛冶（錬鉄＝鍛冶・鉄工）砂鉄製錬→品部・雑戸＝漢系

（『大化前代社会組織の研究』、一七〇頁）

これによれば、倭鍛冶は新羅系の技術を伝えるもので、鋳工（鋳物師）として働くほか、朝鮮から輸入した鉄鋌《てってい》を加工する鍛工としても活躍したことになる。そうすると、遣唐使中の鍛生・鋳生、遣新羅使中の鍛工の起源は、古代船舶に乗り組んだ新羅系倭鍛冶にあったと言えるかもしれない。もちろん、韓鍛冶の技術の伝来以後は、これも船舶と無関係ではあるまいから、後世の遣唐使・遣新羅使一行のなかの鍛工・鋳生・鍛生らをすべて新羅系技術者と割り切ってしまうのはおそらく正しくないであろう。

しかし、物部氏伝承のなかで、鍛冶関係技術者を倭鍛師としている点には大いに注意を払うべきであろう。

それは、後述する為奈部が新羅系の船匠とされるからであり、また、水軍を率いて朝鮮で活躍した紀臣の同族に紀辛梶《きのからかじの》（韓鍛冶）臣《おみ》がいることと対比されるからでもある。氏族として物部氏と紀氏に新旧の差があるとすれば、それは両者が抱える鍛冶集団の新旧とパラレルであるように思われる。

なお、人名天津真浦《あまつまら》について連想されるのは『古事記』天岩戸の段に現れる「鍛人天津麻羅《かぬちあまつまら》」であり、『日本書紀』綏靖即位前紀に見える「倭鍛部天津真浦《やまとのかぬちあまつまら》」である。前者では彼に何を造らせたか不明で、矛・剣など諸説があるが、後者では「真麛《まかご》の鏃《やさき》」すなわち鹿などを射るための鏃《やじり》を造らせたとあり、真浦が武器製造に携わったことを示している。『記』に「天《あめ》の金山《かなやま》の鉄《まがね》を取りて、鍛人天津麻羅を求《ま》ぎて」（次に何を造らせたか脱文あるらしく不明）とあるから鉄製品を造ったことは間違いあるまい。遣外使節一行中には射手・傔従・傔人など武官系統の者もいたから、（倭）鍛師の仕事には武器の製造・修理を含めてよいかも知れない。

船子《ふなこ》として次にあげられるのは笠縫《かさぬい》と曾《そ》曾笠縫《そのかさぬい》である。曾曾については後で触れるとして、まず笠縫について考えてみよう。

その職掌は元来、菅笠を造ることであるが、菅笠が船の航行とどのように関わるのであろうか。まさか、船中で菅笠の製作や修理をしたのではあるまい。必要ならあらかじめスペアを用意すれば、わざわざ彼らを乗り組ませなくても済むからである。とすると、彼らは船中でどのような仕事をしたか。ここで『延喜内匠式』に「御輿《みこし》の中子の菅蓋《すげかさ》一具〈菅幷《あは》せて骨の料材は、摂津国《せっつのくに》従り笠縫氏参り来り作る〉の料は、生糸六両、苧《からむし》小十両〈已上の二種は骨結《ほねゆひ》の料〉。単功十人」「菅翳《すげさしは》二柄〈同じく笠縫が作る。単功十人〉の料は、（中略）苧《からむし》小一斤〈結《ゆ》ふ料〉、生糸五両」とあるのが参考となる。笠縫は菅笠を作るのは勿論、菅翳《すげさしは》をも作ったことが知られるからである。伊勢神宮の遷宮に際して奉献される菅翳の大きさは『延喜式』に見えないが、現行のものは径一メートルという（『国史大辞典』6）。今春（一九八一年）、日本橋の三越本店で模造品を見学する機会を得たが、菅を麻糸で縫い合わせて、かなりしっかりした出来と見受けられた。

笠縫にこのような技術があったとすれば、菅をもって船の帆を作ることも不可能ではなかったであろう、というのが私の思いつきである。『延喜式』によれば神宮宝物には紫《むらさきのさしは》翳もあり、これは紫の布地を張ったものと思われるが、これを前者に応用して布と菅の編み物を縫い合わせれば、かなり丈夫な帆ができるとも考えられよう。

3　笠縫氏と物部氏

ともかく、笠縫以外に船帆を作ったと思われる者を容易に想定しえないこと、笠縫が笠の製作・修理のためにのみ乗り組んだとは思われないことなどから右のように考えてみたのだが、『延喜主税式』下に「帆の料の薦《こも》若干枚、価若干束〈枚別《ごと》に若干束〉」が運賃料の内訳として記載されているのも参考となろう。

ところで、笠縫氏の本拠が摂津国であることは先掲『延喜式』の規定からも知られるが（東成郡笠縫島）、他にも大和・美濃・武蔵などに笠縫の地名が知られ、笠縫の民は、かなり広汎に分布していたらしい。そうしたなかに曾曾《そその》笠縫なるものも存在した。とすれば、曾曾は、あるいは地名ではあるまいか。

だが、曾曾という地名は歴史上でも、現存地名でもまったく見当らない。そこで、次のように考えてみた。それは『新撰姓氏録』右京神別下の酒部公の条に見える酒造り兄曾々保利《えそそほり》・弟曾々保利《おとそそほり》と

『古事記』応神段に出てくる「酒を醸《か》むことを知れる人、名は仁番《にほ》、亦の名は須々許理《すすこり》」とが元来、同一人名であるらしいことである。この史料を直木孝次郎氏は応神・仁徳同一人格説の一つの根拠としておられるので、すでにご存じの方も多いことと思うが、ここでは、ソソとススが同語のバリエーションであることがわかればよいとしておこう。

　そこで、ススという地名を捜すことにすると、すぐに想い浮ぶのは能登国珠洲郡《のとのくにすずぐん》の地名である。今日ではスズと呼ぶが、洲は元来、清音で、ズと訓む例は古代になく、また平城宮跡出土木簡に「越前国□珠郡」とあるからススといったことは確かである。

　ソソ＝スス＝珠洲とした場合、曾曾笠縫は珠洲笠縫ということになるが、その場合、この地方に物部氏族の分布が見られること、航海民の跡地が遺存すること、さらにいえば笠縫との関係が窺われることなどが望まれるであろう。以下それらの諸点について簡単に触れてみよう。まず、珠洲地方と物部氏との関係であるが、『和名抄』に珠洲郡内五郷をあげるが、そのうち若倭郷は『姓氏録』左京神別下に「若倭部。神饒速比命の十八世孫子田知《こたち》の後なり」とある物部氏系の若倭部との関係が推定される。もっとも若倭部には他に尾張氏系のそれ、神魂命系の若倭部連氏もあるから速断は許されないが、次の事実とあわせ考えて、やはり物部氏系と判定したい。

　次に注目すべきは大豆郷である。この郷名は高山寺本によるが、東急本では大足郷となっているという。いずれにしても現在に伝わらぬ地名であるから判定は難しいが、写本としての質から言えば高山寺本の方が一般に高く評価されているようであるし、先掲「天神本紀」所掲の二十五物部の中に「大豆物部」のあることから（第65行上段）、その本拠地が大豆郷てあろうと推測したい。若倭郷・大豆郷ともに推定部分を含むとはいえ、両者相俟つことにより、物部氏族にかかわる地名と判断してよかろうと思うが、如何であろうか。

なお、現在地名であって歴史的徴証を欠くが、珠洲市には長谷・宇治・高屋など物部氏族の名と一致する地名があり、能登全域に視野をひろげれば、羽咋《はくい》郡高家郷、能登郡八田郷、鳳至《ふげし》郡大屋郷（いずれも『和名抄』）なども物部氏族にかかわる地名であり、近隣諸国まで見渡せば北陸道における物部氏族の分布はかなり濃厚である。

次に珠洲ないし能登国における航海民の跡について訪ねてみよう。『万葉集』に「珠洲乃安麻《すすのあま》」（巻一八―四一〇一）とあり、「平城宮跡出土木簡」に「越前国□珠郡月次里舟木部」の名があり、正倉院文書に「能登国立丁船木部積万呂」、正倉院の調絁銘文に「越中国鳳至郡大屋郷舟木秋麻呂」、と見え、『万葉集』に「鳥総立《とぶさた》て船木《ふなぎ》伐るといふ能登の島山　今日見れば木立《こだち》繁しも幾代神《かむ》びそ」（巻一七―四〇二六）ともある。また輪島市に舟木谷峠があり、羽咋郡志賀町に舟木の地名もある。能登における舟木（部）の痕跡は濃厚であるが、船木郷が造船にかかわる地名であることは、安芸国安芸郡船木郷が現今の呉市で、古代遣唐船の建造地であったことからも知られる（ちなみに呉は榑《くれ》、すなわち船材のことである）。

第三に能登と笠縫との関係について、『延喜式』に能登国能登郡の式内社として「菅忍比咩《すかおしひめ》神社」を載せるが、その鎮座地については現在三説ある。その一は現石川県鹿島郡中嶋町笠師の菅忍比咩神社、その二は同町塩津の日面《ひめ》神社、その三は同郡能登島町鰀目《えのめ》の嶽《たけ》神社である。『特選神名牒』は「今按当村上古笠縫氏の居地なるが故に笠師村といふ、今菅ヶ谷菅ヶ坂など呼べる地名あり、是皆往古以来の遺名にて此地に菅忍比咩神あるもいと由ありて聞ゆ」として一を式内社と考定しているが、二については『能登志徴』『能登名跡志』は一と同神分座、旧社地は井田沖と称する山地にありとする。三はその社家に、貞享より幕末まで式内社たることを主張し論争した関係史料三十余点を伝えるほか、社家そのものが明治初年、岡本氏と改めるまで舟木氏を称していたことが注目される。いずれにせよ、菅忍比咩神社が笠縫氏・舟木氏と縁故の深かったことが察せられるであろう。

以上により、能登地方と物部・舟木・笠縫の諸氏との密接なる関係を推測するものであるが、最後に為奈部について簡単に触れてみたい。

応神三十一年八月紀によればヰナ部は新羅系の船匠＝船大工であるが、早くから物部氏の配下に属したことは雄略十八年八月紀から推測される。『姓氏録』未定雑姓、摂津国の条に「為奈部首。伊香我色乎命の六世孫金連《かねのむらじ》の後なり」とあり、同書摂津諸蕃に「為奈部首。百済国の人中津波手《なかつはて》自《よ》り出《い》づ」とあるのは、新羅と百済の混同はあるものの、物部系と渡来系の両所伝が後世に伝えられたもので、元来は言うまでもなく朝鮮からの渡来系氏族であった。その本拠は摂津国河辺郡為奈郷であるが、のち伊勢国員弁《いなべ》郡にも分れ住んだようで、その郡名ともなり、今日に猪名部神社（式内）を遺している。前述のようにかつて此の地に阿刀野の地名があった（『西大寺資財帳』）ことから、アト氏との関係も窺える。

ヰナ部と能登との関係を直接窺うべき史料はないが、越前国丹生郡弥太郷や同国足羽郡足羽郷の住人に猪名部氏がいたこと、『万葉集』に「梯立の　熊来《くまき》のやらに　新羅斧《おの》　落し入れわし　懸けて懸けて　勿《な》泣かしそね　浮き出づるやと　見むわし」（巻一六―三八七八）とあり能登の熊来と新羅斧との関係が知られるが、新羅系船大工ヰナ部と新羅斧との関係も当然考えられ、遣渤海使の船が能登国で建造されたことを思いあわせると、能登国にヰナ部が居住したであろうことは充分に想像できる。将来木簡などからこの想像が証明されることがないとは言えまい。

かなり大雑把に検討して来たが、これらの伝承が、ある史実をもとにした伝承で、けっして事実無根のものでないことは、ほぼ明らかであろうと思う。その絶対年代など、もとより確かではないが、それは今後さらに検討を加えてみたい。

さて、ここで、ふりかえってみると、船長・梶取・船子の職務分担がかなりはっきりしたといえる。とくに船子について、船内で鍛冶に従事するもの、船帆の取り扱い、あるいは修理に当たるもの、さらには船の建造（乗船中は当然のことながら船の保守・修理）を職とするものなどがあり、職務が細かく分化していたことを知る。『延喜式』に見えるような発達した状態を示すものは別として、大化前代の航海の実態を示す数少ない史料として、「天神本紀」のこの件りは、もっと注目されてよいのではあるまいか。

〔付言〕　最近、某氏から聞いた話だが、摂津の佃村の漁民は能登の珠洲の漁民との間に通婚の習わしがあったということである。摂津・能登を結ぶものは、あるいは笠縫であろうか、ヰナ部であろうか、などと憶測するこの頃である。

また輪島市の珠洲市寄りの海岸曽々木は鳳至郡に属するとはいえ、曾曾笠縫に関係があるかもしれない。その東隣に珠洲市間浦の地名があることも暗示的である。

（原題「古代の航海―天孫本紀の一考察―」『東アジアの古代文化』五〇、一九八一年、大和書房）

二　物部氏と大王家の降臨伝承

1　降臨と東遷の神話

記紀神話を中心に日本の神話を見ますと、天降り、つまり降臨と、それから東遷という神話をもつ氏が二つ認められるわけであります。その一つが大王家、すなわち皇室であります。それからもう一つが、ここにあげました物部氏であります。天武天皇の十三年十月に八色の姓の制度が制定され、ただちに実施され、十一月には五十二氏を選んで第二位の姓朝臣《あそん》が与えられますが、その朝臣をもらった氏族のもとの姓は主として臣《おみ》と君《きみ》である。ところが五十二氏のうち、二氏ではありますけれども連《むらじ》姓のものがある。それが中臣氏と物部氏でありまして、連姓としては例外的な処遇を受けたわけでありますが、大伴氏をはじめとするほかの多くの連姓有力者は第三位の宿禰姓を与えられるわけですから、これは優遇ということになります。中臣氏の場合はおそらく鎌足の出現という、ごく近代の事実が大きく物をいったであろうと推測するのですが、物部氏については、大化以後、天武朝にかけてこれといった人物も出ておらないようでありますし、どうも物部氏の近代の経歴からは特別な優遇を受ける理由は見つけられないように思います。

　そこで注目されるのが、いま申しましたように、大王家と並んで物部氏は祖先の降臨神話を持っているという事実であります。いや、正確にいうと、そういう神話をもっている氏族はほかにもいたかもしれない。ですから、天武の史局でそのことが承認された氏族といった方が正確かもしれません。とにかく『記紀』には祖先の饒速日《にぎはやひ》が降臨したことを伝えておるわけですから、物部氏は大王家に匹敵する神話の保持を許されている、認められているということになります。

　皇室、大王家も一つの氏ということには変わりはないと思いますが、この二つの氏の降臨および東遷の神話を比べてみますと、大王家では例の天孫瓊瓊杵尊《ににぎのみこと》が日向に降臨する。それから曾孫の磐余彦《いわれびこ》、つまり神武天皇が大和へ東遷する。大王家のこの東遷につきましては、磐余彦の諱は彦火火出見《ひこほほでみ》と『書紀』にあるものですから、瓊瓊杵の子供である彦火火出見と同じ名前ということになり、そこに疑問が生ずるのであります。本居宣長は、彦火火出見というのは大王家における代々の通称のようなものであろうという意味の解釈を『古事記伝』で述べているのであります。しかし、そう解するにはもうすこしほかに実例が見当たることが望ましいのですが、実はこの二例しかないわけでありまして、どうも三井家における八郎右衛門とか住友家における吉左衛門とか、そういう代々の通称と見るには史料がやや乏しいのであります。

　これについて新しい解釈を加えられたのが津田左右吉氏でありまして、津田説によりますと、『記紀』のもともとのスケジュール、神話の構成では、瓊瓊杵の子供の彦火火出見が東征することになっておった。ところが、たまたま天武朝においてこれらの神話をまとめようとしたころ、隼人問題が急にクローズアップされた。これは遣唐使が南路を取るというようなこともあって、西南地方の平定が緊急課題となり、隼人問題が前面に出てきた。そこで本来、東遷の主人公に予定されていた火火出見に隼人を従えるという役割を負わせた。ご承知のように海幸・山幸の物語がそれであります。そのために火火出見の東遷は延期せざるを得ず、結局、火火出見の孫に当たる磐余彦にこの東遷の役割を負わせたのである、というのです。これは、彦火火出見という名を天武朝ころの政治問題と絡めて巧妙に説明したものとして高い評価を受けておるわけであります。

私はこの解釈に反対するものではありませんが、同時にこの解釈だけでは不十分であると思うのであります。ご承知のように瓊瓊杵尊は天照の孫ということになっております。天つ神であります。そして瓊瓊杵の母親に当たる人は、名前はいろいろと伝えがありますけれども、高皇《たかみ》産霊《むすひ》の女、栲幡千《たくはたち》千《ち》姫《ひめ》などと呼ばれております。天照も高皇産霊も、いずれも天つ神であります。つまり瓊瓊杵は純然たる天つ神系の存在である。この瓊瓊杵は日向に降ってから、やがて土地の神と結婚する。その相手は大山祇《おおやまつみ》の女、木花之《このはなの》開耶《さくや》姫《びめ》などと出てまいります。そうするとその間に生まれた彦火火出見は天つ神と国つ神（なかんずく山祇）との血を受けた存在ということになるわけであります。

津田説によりますと、もともと、この火火出見が東遷することになっておった。しかし隼人問題が起きたために、これに別の役割を負わせて東遷を延期したというのでありますが、私は火火出見は元来東遷する予定はなかったのではないかと想像しております。と申しますのは、いま申しましたようにこの火火出見は天つ神と、国つ神のうちの山祇の血は受けているけれども、もう一つ大事な要素が欠落しているからです。それは国つ神のうちの海神《わたつみ》の血であります。わたつみは、アマツミと言ってもいいですが、要するに海神《かいじん》系、海の神様の系統です。つまり山の神様の系統は受けているけれども、海の神様の系統は受けておりません。これが火火出見が日本の統一政権の君主となるには不十分な理由であります。そこで火火出見は海神の女、豊玉姫《とよたまびめ》と結婚する。そこに生まれた鸕鷀草葺不合《うがやふきあえず》はさらにその妹の玉依姫《たまよりびめ》と結婚する。

このようにして神統譜では二代にわたって海神（かいじん）、海神（わたつみ）と婚姻を重ねて、そこに生まれた磐余彦、すなわち神武が初めて東遷することになっておりますが、神武は、すなわち天つ神と国つ神の双方の血を受けている。国つ神の内容を分析すれば、それは山祇と海神であります。これで神武は日本の君主として十全なる血統上の保証を得たことになると私は思うのです。つまり、神話の上では火火出見では東遷は無理だったのではあるまいか、神武に至って初めて日本の君主として十分な資格を得たものと考えられたのではないかと思っているわけであります。もちろん鸕鷀草葺不合でもよいではないかともいえますが、二代にわたり婚姻を重ねたというところに、この説話というますか神統譜がつくられるころの海神系氏族の影響力の大きさを考えるべきかもしれない。かように思っております。

いっぽうの物部氏でありますが、祖先神饒速日の天降ったことは『記紀』にも見えておりますから、これは天武の史局において承認されたことでありますが、例の『旧事本紀』の「天神本紀」などを見ますと、この饒速日は河内の河上の哮峯《いかるがのたけ》に降臨した、しかし間もなく大和の鳥見《とみ》の白庭山《しらにわのやま》に移ったと書いてあります。つまり河内から大和に移ったわけで、これも東遷と言えると思います。降臨と東遷のいわば二段構えである点は大王家と同じであります。ただ、大王家の場合には祖先と子孫が降臨と東遷とを分担しておるのに対して、物部氏の方は同じ神、饒速日が降臨し、かつ東遷したと伝えている点が違うと言えば違うのであります。

なお、『旧事本紀』を見ますと、この饒速日につきましては「天照国照彦天火明櫛玉饒速日尊《あまてるくにてるひこあめのほあかりくしたまにぎはやひのみこと》」などと長々しい名前をつけております。ところがこの天照国照彦天火明櫛玉饒速日尊という名前は明らかに二つの神名を合わせたものであります。前半の天照国照彦天火明というのは『日本書紀』天孫降臨段の第八の一書にも出てくる神名でありまして、これは記紀神話では瓊瓊杵尊の兄、または弟と伝える天孫で、同時に尾張氏の祖先神とされているのであります。櫛玉饒速日尊の名前は『日本書紀』にも出ておりまして、饒速日に「櫛玉」の形容詞をかぶせたものであります。

そうしますと物部氏の氏族伝承は、いま見る形では饒速日一柱、一人の神の事績となっておりますが、その名前を分析しますと、まず火明《ほあかり》が降りてきて次に饒速日が東遷したというような構想も抱かれていたかもしれないのであります。少なくとも瓊瓊杵に対して火明を持ってくる、これは『古事記』や『日本書紀』の第八の一書では兄弟だとされています。そうするとそれぞれの数代後に神武と饒速日が降臨したことになります。

ちなみに申しますが、降臨というのは東遷の神話的表現とも考えられます。『古事記』を見ますと、邇《に》芸《ぎ》速《はや》日《ひ》は神武天皇に「天つ神の御子が天降りまし」ぬと聞いて「追いて、自分はやってきた」、追っかけてやってきたとあります。「天つ神の御子」は神武天皇です。その神武天皇が天降ったということは東遷したことなんです。つまり東遷を「天降り」と言っているところを見ると、降臨イコール東遷、降臨は東遷の神話的表現である。したがって私は、降臨も東遷もいずれも東遷であって、二度の移動が考えられてよいと思っているわけであります。事実、垂直に降臨することは史実としてはあり得ないわけでありますから、もしこれら建国神話に史実が投影されているとするならば、降臨もまた東遷であったと考えてよろしいかと思っておるわけであります。

このように双方とも降臨と東遷ということを言っておる点は共通であります。それから神武と饒速日の双方とも降臨および東遷の以前に子供があった。以後にまた子供が生まれた。これも細部については違いがありますが、大王家では神武東遷以前に日向において子供がありました。大和に移って皇后をめとって子供が生まれる。しかもその大和に移ってからの子供のうち弟の方が跡を継ぎ綏靖天皇となる。これに対して饒速日も天上にいたときにすでに子供があった。これが天香語山命《あめのかごやまのみこと》で後の尾張氏の祖先であるというふうに牽強付会しておるわけです。それから国土に降ってからの子供が、鳥見《とみ》屋媛《やびめ》の産んだ子供で宇摩志麻遅《うましまじ》、あるいは可美真手《うましまで》、これが物部氏の祖先神であると言っております。いずれにしても降臨、東遷の前後に子供があり、その後の方の子供が正当な後継者となるという点も共通しておるわけであります。

違いは、両者の東遷の距離に大きな隔たりがある。後者は河内から大和、ほんのわずかであります。実際の土地はわからないにしても、ほんの目と鼻の先であります。前者の日向と大和は相当の距離があります。それから降臨、東遷を大王家では祖先と子孫が分担していますが、物部氏の場合は御本人が同時にやっているということです。そんな違いが細部にはあります。また『記紀』では饒速日は系統不明の神ですが、『旧事本紀』ではその系統は明らかである、天つ神の子であって天つ神の命によって降臨した（のだから瓊瓊杵と同格だ）と称しているんです。つまり後の氏族の分類で言いますと、物部氏は神別には違いないが天神系ではなくて、天孫系だと言いたいようであります。どうも物部氏は天神系よりも天孫系であることを主張したかったらしい。少なくとも『旧事本紀』の述作者はそれを意図しておるように思われます。

ともあれ、このように両者はかなり似た構造の神話を持っており『旧事本紀』しかないので細部はよくわかりませんが、物部氏の降臨神話は、いちおう『記紀』にも見えておるということでありまして、これは天武の史局が物部氏の氏族として尊貴性を認めたことを意味するのであります。たとえば大伴氏はどうかというと、これは瓊瓊杵尊に随伴した神の子孫であります。物部氏はそれとは違うのだ、大王家と同格とまでは言わないが大伴氏のような根っからの譜代ではなくて外様だということを認めたことになろうかと思うのであります。

さて、降臨も東遷もいずれも東遷、すなわち水平移動だと私は考えるわけですが、大王家と物部氏いずれの場合もその移動に当たって海人の助けをかりているらしいという点に注目したいのでありま す。私は先ほど、神武天皇は二代にわたる海神との婚姻の結果生まれたというふうになっていること をご紹介しましたが、このこととも深くかかわっているわけでありまして、移動には海人の力が大きく関与しているのであります。

神武東征と海人族との関係については、論文を書いたことがありますので、お読みいただいた方もあろうかと思いますが、神武一行は例の椎根津彦《しいねつひこ》と途中の瀬戸内海で遇う。遇った場所は『記紀』で差がありますけれども、遇うまでは彼は釣りをしていたとあります。つまり漁師であった。ところが神武の依頼で水先案内人を引き受けております。つまり古代の海人族は、ある場合には漁民であり、ある場合には航海民であり、かならずしも専門化は徹底していなかったと思われます。以下、海人族についてはそういう両面の性格を持っていることを前提にお考えいただくとよろしいかと思います。

大王家の場合、そのように大和国造の祖先であり、元来漁師であった椎根津彦が水先案内をした。つまり大王家の大和入り、日本の建国に海人が大きく貢献したことは見逃しがたいところであろうと思います。

2　物部氏の天降り伝承

本日はそれは一応措いて、物部氏について少しくお話をしたいと思います。もっともこれにつきましても、最近私は『東アジアの古代文化』という雑誌（五十号）に「古代の航海」というタイトルで小論を書いたのであります。これもお読みくださった方がいらっしゃると思いますが、『旧事本紀』のなかの「天神本紀」に、饒速日の天降りのときに、これにつき従った神々、あるいは物部の民といった名前が詳しく列挙されておるのであります。この『旧事本紀』の「天神本紀」の伝えがどこまで信用できるかは大変問題でありまして、史料批判の難しいところなのであります。しかしながら私はいくつか注目すべき点をそこで指摘いたしました。

たとえば饒速日を守る神として天降りに供奉した神々を「三十二人」と記しておりますが、この三十二人の神々のうち、瓊瓊杵尊の降臨に従った五伴緒《いつとものお》が重複するのはおかしいわけです。ですからこれを取り除きますと二十七になる。それから岩戸神話で活躍する思兼神《おもいかねのかみ》というのがありますが、この神の子供が二人、天表春《あめのうわはる》と天下春《あめのしたはる》というのが出てきます。しかしこれはやはり大王家の方にかかわりの深い神様の子供ですので、物部氏の方にくっつけるのは少しく無理があろうと思います。ですからこの二柱も削ったらどうか。そういたしますと二十七から二を引きますから二十五になります。

その次には五部の人に添えて家来として天降ったとして五人の神名があげてある。その次には五部《いつとものの》造《みやつこ》として、二田《ふたつた》造以下、造姓の五氏の名前をあげております。次には天《あまつ》物部として二十五部の人をあげております。すなわち三十二の防衛神から大王家側の神々とダブるもの七柱を消去して二十五人としますと、あとは五、五、二十五となりまして、全部五の倍数になります。

五の倍数については岡正雄氏が騎馬民族説の中で、東北アジアの諸民族は、たとえば百済でも高句麗でもそうですが、その社会構成、部族構成が五を単位とする例が非常に多いことをあげておりまして、瓊瓊杵尊に従った五部神、五伴緒についてもそれとの関連を指摘されたわけですが、この物部氏についても、このように五の倍数あるいは五そのものがはっきりと出てくるのは大変興味のあるところであります。

なお、そのほかに「天神本紀」は二十五部の後に、船長が同じく梶取らを率いて天降りに仕えまつるとして、船長《ふねのおさ》、梶取《かじとり》、船子といった名前を列挙しておるのでありまして、私の論文では、その船長以下の航海にかかわった人びとの名前を検討して、古代の航海の実相にある程度迫れるのではないかということを述べたわけであります。今日はそれを踏まえましてお話をしたいと思います。

饒速日が天降るときに船長以下が供奉したとなりますと、これはまさに海の向こうからやってきたことになるわけでありますが、船長は「跡部首等の祖天津羽原《あまつはばら》」と書いてあります。つまり跡部首だと。それからその次は梶取でありまして、これは阿刀造の先祖だと出てまいります。梶取は航海長でしょうね。次に船子というのが出てまいります。船子は、倭鍛師《やまとのかぬち》と笠縫《かさぬい》と曾曾《そそ》笠縫と為奈部《いなべ》の四種の人名があげられております。これも論文にすでに書きましたが、鍛冶が乗っているということは、船のなかでかじ屋さんが働く場面があったことを物語っているわけであります。かじ屋は造船にはもちろん必要でありましょうが、船のなかでも小修理、船の保守などに働く余地があったと思われるのであります。これは遣唐使や遣新羅使にかじ屋さんが乗り組むという『延喜式』の規定からもよくわかりますが、これが倭鍛冶であって、韓鍛冶でないというのも注目されます。

平野邦雄氏によると、倭鍛冶は新羅系、韓鍛冶《からかぬち》は百済系ということでありますが、いずれも外来のものなんですけれども、文字どおり「倭鍛師」と呼ばれているということは、こちらの方が古いことを意味するのでしょう。紀氏の一族に紀辛梶臣《きのからかじのおみ》というのがありますが、これなぞは紀氏が新しい氏族であることと対応するものかもしれません。

それから「笠縫」というのがあります。笠縫と言っても、かぶる笠をつくったのではないだろうとおもいます。第一それならばスペアをたくさん持って乗ればいいことでありまして、船中でいちいち笠を修理するなどということはほとんど意味がないし、第一、船子としての任務からは逸脱していると思います。私は、笠縫および曾曾笠縫は船の帆に関係があるのではあるまいかと想像しております。最後の「為奈部」、これについては『書紀』の「応神紀」に、新羅王から猪名部《いなべ》を奉って焼失した船の償いをさせたと書いてあります。船大工であります。船大工が乗り込むということは、造船ではなくて、やはりこれも修理だと思われます。「為奈部」は船もつくるが、船に乗り組んで必要に応じて修理に当たったと考えたらよいわけであります。

物部氏にも、どこからやってきたかはわからないが、とにかくこの国土にやってきた、あるいは一たん取りついたところからさらにまた移動したという、大王家と同じようなプロセスが過去にあったとしますと、当然こういう人たちは物部氏の移動にあたって重要な働きをしたものと考えざるを得ないのであります。先ほど申しましたように、船長は跡部首、かじ取りは阿刀造ですが、この「アト」というのが非常に重要だと思われるのです。ただし、「アト」という名が本来何を意味するものであるかは残念ながら私にはわかりません。

ただ、跡部あるいは阿刀という氏名を称する人びとが航海にかかわったらしいことは、この伝承からも知られるわけでありますから、今度はこの「アトべ」あるいは「アト」なる地名を少し尋ねてみてはどうかと考えたのであります。それによって、物部氏がどういう経路でやってきたかを想像する手がかりが得られないだろうかというわけであります。

残念ながら、そうはっきりした結論は出ないのでありますが、たとえば『和名抄』などの古代史料に跡部《あとべ》郷《ごう》という地名が見えます。物部氏の本拠地、守屋の本拠地の近くに河内国渋川郡跡部郷があります。これは有名な事実であって、跡部と物部氏との関係もここでは非常にはっきりしております。

隣り合っていますから。それから西日本だけに限って言いますと、飛んで豊後国の大分郡に跡部郷があったのであります。いまの大分市周辺であります。ところが大分市から大野川に沿って山のなかに入りますと直入郡というのがありまして、『日本書紀』によると直入物部神《なおりのもののべのかみ》というのが、景行天皇が九州を巡狩されたときのこととして出てくる。九州における物部の存在はかなり古いと思われるわけであります。

なお、現在地名でも兵庫県の三木市には跡部という地名がありますが、そのほか現在地名では広島県に阿戸という地名が三ヵ所残っておるのであります。これらは古代地名ではありませんけれども、たとえば広島市安佐南区沼田町の阿戸というところには阿刀明神という神社も祭られておりまして、そう新しい地名でもなさそうであります。それから和歌山県日高郡由良町がありますが、由良というのは、海人の地名です。その由良町に阿戸という地名がある。アトも航海民ならユラも航海民でありまして、由良町に阿戸があるのも偶然とは思われないのでありますが、ともかく西日本にはそういう地名が現在でも各所にございます。

なお、古代の氏名としては『新撰姓氏録』に、山城国に阿刀宿禰、あるいは阿刀連がおります。とくに阿刀連は愛宕、相楽、紀伊といった諸郡に分布しておりまして、どうも山城にはかなりいたらしい。その証拠には葛野郡に式内阿刀神社もあります。それから摂津は豊島郡に阿刀連がいる。西成郡にも阿刀物部があります。河内・和泉にも阿刀連がおりますし、また大和にも『新撰姓氏録逸文』によりますと城上郡海柘榴市《つばいち》村に阿刀連がいた。椿市というのはご承知のように初瀬川舟航の最終点なんです。例の推古朝に来た裴世清らも、ここで上陸している。そこに航海民であるアト氏がおったというのも意味がありそうに思われるのであります。

それから、これは、まったくの思いつきで、お聞き流しをいただきたいと思いますが、『姓氏録』の河内神別に積組造《つむくみのみやつこ》というのがあります。なお、これに関連した式内社が河内国高安郡にありまして、都夫久美《つぶくみ》神社と申します。これは「ツムクミ」と同じことですね。ですからその神社の所在地あたりが積組造の本拠ということになりますが、これがアト氏と同祖であると言っているので積組も船に関係がある、航海に関係があるだろうと私は想像したのです。

ご承知のように古代語では船のことを舶（つむ）と申します。これは『書紀』にもそういう古訓がありますし『類聚名義抄』などにも出ております。「クム」というのは構造船ですから組み立てるという意味であろうかと思います。都夫久美神社のあるところは、いまでは生駒山麓で河内平野からはかなり高いところですけれども、古代の河内においては海が大きく深く生駒山麓まで入り込んでおったわけでありますから、この都夫久美の神社のあるところは、つくった船を水に浮かべるのには大変便利なところであったと想像できるのであります。ともあれ、アト氏の同族に積組というわけのわからぬ氏名がありますが、これを船を建造するという意味の名前であると考えてはどうだろうか、というのが、私の想像であります。どなたも、まだそのことについて触れてはいらっしゃらないので、皆様のご批判を得たいと思います。とにかくアト氏に関して申しますと、西日本にある氏名あるいは地名、神社名、それから現在地名などなどである程度その分布が推しはかられるわけであります。

太田亮先生という先生がおられました。あの方は氏のことについてはいろいろな業績を残しておられますが、物部氏の原籍、日本列島における発祥地は北九州だとお考えで、九州の真ん中、いまの大分のあたりから海に出て四国伝いに大和の方に進出したという経路をお考えのようであります。あるいはそれも一つの経路であったかもしれないのでありますが、私はそれに関連して次のような事実を御披露したいと思うのであります。

3　物部氏の分布

天物部二十五部の人というのがありまして、いろいろな物部がおります。そのかなりの部分は北九州にかかわる地名を称しております。たとえば二田物部とか嶋戸物部とか田尻物部とか、あるいは筑紫物部とはっきり言ったのもあります。北九州は非常に多い。やはり物部氏の一地盤であったことは間違いないと思うのでありますが、たとえばこの二十五の物部のうち筑紫聞物部《つくしのきくのもののべ》というのがございます。ご承知のように豊前国の企救郡というのは、本州から九州に渡ったところ、あの関門に面したところであります。この筑紫聞物部はすでに「雄略紀」に、物部目大連の配下として伊勢の朝日郎《あさけのいらつこ》を討つのに大活躍をしたと出てくるのであります。物部氏の配下であることは、このことからも察せられますが、関門海峡に臨んで物部氏の配下の民がおったということは、関門海峡が古代においても交通の要路であったということにかんがみて注目すべき事実だと思います。

と申しますのは、関門海峡を挟んで対岸にも、もう一つ物部がいたからであります。それは二十五の物部のなかに出てくる赤間物部であります。ご承知のように下関は昔は赤間関などとも言ったわけでありまして、赤間物部は疑いもなく、いまの下関あたりに蟠踞した物部の一派であります。そうしますと関門海峡を南北から差し挟むようにして物部がおったことになります。

交通の要所を、このようにして押さえていたということはきわめて重要な事実であって、たとえば神武天皇も、東征の説話によれば、ここを往復しているのです。菟狭から筑紫の岡田というところに移って、そこからまた安芸の方へ移動したとありますから、関門海峡を往復しているわけでありますが、そうすると物部との関係はどうなるかということも当然問題になるわけであります。もちろん神武東征の時期と物部氏が、ここを押さえ支配した時期とのずれはないのか、問題でありますが、そのあたりは、また後ほどお話ししたいと思います。ともあれ、少なくとも関門を物部氏が押さえた一時期がかつてあったことを注意したいと思います。

話を東の方へ向けてまいりましょう。細かい点は言葉で申しあげてもわかりにくいので、骨組みだけを申しあげることにいたしますが、関門海峡を通過しますと周防灘に出ます。周防灘からさらに東へ進むと、今度は芸予諸島、つまり広島県と愛媛県に挟まれた狭い海峡に来るわけであります。そこには多くの島々がありますが、ここも一つの関門です。ここには来島海峡などがあって交通が大変だということもありますけれども、ここもまた物部氏が押さえておったと見ることができるので、物部氏以外の者がここを通るには、やはりほかの手だてが必要であったと思われます。

たとえば今日の高縄半島は、古代においてはその先端部から芸与諸島にかけて越智郡と申しますが、その越智郡は古く小市（越智）の国造、越智直がいたところでありまして、この越智直は物部の一族と伝えられております。その西隣、半島先端の西半部は風速郡でありまして、ここには風速の国造、風速直が頑張っておったのでありますが、これもまた物部系なのです。それから、今治よりちょっと南になりますが、桑村郡という郡があります。その桑村郡には式内布都神社がありまして、韴霊《ふつのみたま》を祭る神社、つまり物部系の神社であります。つまり伊予のあの半島の先端部は物部氏が完全に押さえていた。いや、それから海上においてもおそらくかなりの勢力を持っておったに違いないのであります。

それでは北側の広島県の方、安芸国はどうかと申しますと、『和名抄』では高田郡風速郷《かざはや》というのがありますが、これは広島からかなり山のなかでありまして直接海峡に面しておるのではありませんけれども、風速の国造の一派が広島県側に力を伸ばしたことを示すものであります。お酒の賀茂鶴などで有名な賀茂郡、ここには風早氏のいたことが知られる。しかしこれも海岸部ではありません。海岸部では呉のすぐ東の豊田郡に風早という地名が残っておりまして、風早という鉄道駅もありますが、ここは『万葉集』に出てくる「かざはやのうら」と思われます。遣新羅使の詠んだ歌のなかにありますから、ここだと思われます。そうすると対岸の広島県側にも物部氏の一族の風速氏が勢力を張っておったということになりますから、芸予諸島の間を通る航路も物部氏が大きく支配した時代があったに違いないと思われるわけであります。

さて、さらにそこを通過したといたします。そうすると今度は讃岐、備前、備中といった岡山県と香川県に挟まれた海、さらに東へ進めば兵庫県と香川県に挟まれた播磨灘、そして次には明石海峡、さらに大阪湾、茅渟の海ということになります。そこで、香川県と岡山県は顕著な例がかならずしも指摘できないのでありますが、讃岐では西の方に讃岐の三野物部というのがおった。この三野郡というのはいまの詫間の近くでありまして、香川県ではかなり西の方であります。対岸は岡山県ですが、岡山県は、たとえば備前国赤坂郡に式内石上布都之魂神社など、物部氏系統の有力な神社があり、備前・備中にも物部がいたのでありますから、まんざら物部氏と無縁ではなさそうでありますが、あまり牽強付会に陥ってもいけませんから、このあたりは強調を避けておきます。

さて、もう少し東に参りますと、当然明石海峡の近辺になります。これもまた重要な交通路であります。そしてまたここは神武東征の場合にも海人とかかわりがあるということで私は指摘したところでありますから、いまここで物部氏とのかかわりを強調しますと自己矛盾に陥るおそれがありますが、先ほど申しましたように、これは時間的なずれというものを考えるべきものと思います。たとえば播磨の明石郡には式内物部神社があります。この物部神社は論争がありまして確定はしておりませんが、いずれにしても神戸市垂水区、すなわち明石海峡に近いところであります。それから二十五の物部のなかに播磨物部というのが出てまいります。この播磨というのは地域名としてはかなり広いものですから、明石海峡に近いところだと断ずるわけにはいかないのでありますけれども、いずれにしても播磨物部という名称が二十五の物部のなかに見えることは事実でありまして、これも注目すべきものと思います。

なお対岸は淡路国、淡路島であります。ここはご承知のように北半が津名郡、南半が三原郡でありますが、津名郡には物部郷があるという事実を指摘しておきたいと思います。そうしますと南北両方に明石郡物部神社、津名郡物部郷というものが存在するわけでありますから、ある時期、明石海峡を物部氏が牛耳ったような時代があったかもしれないと想像できるのではないかと思います。

讃岐の東の方の大内郡、寒川郡は淡路島とともに播磨灘を囲む海岸なんですけれども、ここにも物部あるいは風速氏などがおったことがわかるわけでありまして、太田亮氏が指摘されたように、確かに四国の北岸には物部氏の分布はかなり濃密のようであります。山陽道はそれには劣りますけれども、ただ、播磨などではかなり濃密であるように思われます。

さらに明石海峡を通過いたしますと大阪湾に入るわけでありますが、そこは今の神戸市になります。播磨の明石を通過しますと今度は摂津の国になるわけですけれども、摂津の国では一番端の郡が八部《やたべ》郡であったかと思いますが、この八部《やたべ》の名称は八田若郎女《やたのわきいらつめ》（矢田皇女）にちなむということかもしれませんが、ご承知のように物部の一族に矢田部造がおるのでありまして、八部郡はこの矢田部造と関係のあるところと思われます。八部郡の八部郷はどのあたりかと申しますと、だいたい、いまの兵庫区の和田岬あたりに比定されるのであります。

それから摂津の河辺郡、これは少し山のなかなんですけれども、ここに物部の同族の若湯坐連がおったらしい。この若湯坐の先祖は大咩布命《おおめふのみこと》でありますが、この大咩布を祭ったらしい神社が宝塚市の売布社《めふのやしろ》であり、三田市の高売布社であります。それから物部の一族に佐夜部首というのがいますが、この佐夜部首は摂津国西成郡の讃楊郷（大阪市南区）を本拠とするものです。あるいは津門首というのがある。これは同国武庫郡津門郷にちなむ氏名ですから、現在の西宮市に当たる。そういうわけで明石海峡を越えて大阪湾に入りますと、いまの神戸市一帯には物部氏にかかわりのある氏族がたくさんいたらしいのでありまして、物部氏の通過に何の支障もなかったということになりそうであります。

なお、饒速日が天降ったと伝えられる河上の哮　峯《いかるがのたけ》というのはどこであるかは定かではありませんけれども、後世はもっぱら河内の交野郡の磐船神社のあるあたりと伝承され、白庭山もその少し東だと言われ、ともかく、大和と河内との境に相接しているようであります。その交野まで参りますには淀川をさかのぼらなければなりませんが、ご承知のように交野には交野連・交野物部がおり、淀川の反対側、対岸の摂津の三島郡には、その三島をとって三島韓国連などというのがあります。あるいは豊島郡に阿刀連がいる。島上郡には物部首がおる。こういったぐあいでありまして、淀川沿岸にもまた物部氏の分布は、はっきり認められます。

つまり饒速日が河内の哮峯に天降るのに差し支えのない程度に、九州から河内まで、しかもかなり重要地点を押さえるようにして物部氏の分布することが認められるのであります。すなわち、いわばそういう勢力の支援のもとにアト氏を船長とする集団が、物部氏の中心勢力を東に運ぶというようなことがあったのではないかと私は想像するのであります。降臨説話の評価は大変難しいのでありますけれども、以上のような古代史料から得られるところの事実を踏まえて、想像をたくましくしてみたわけであります。

話の骨子は大体そういうところでおしまいなのでありますが、先ほど申しましたように、このような、いわば先祖の神が天上から降臨したなどという伝えを有する氏族は古代には結構多かったのではないかと私は想像しているのであります。もちろんこの想像は私だけではありませんので、かなりの方がなさっていることのようでもあります。つまり東征というか東遷というか、ともかく政治権力集団の東方移動が繰り返し繰り返し行われたのだ、何波にも分かれてあったのだということなのであります。大王家の東遷、つまり皇室の祖先の東遷もそういう波の一つであった。それが後世、大勢を制したのでありますが、その他の小さなものもたくさんあったのであろうということです。私はそれについても同感の意を示すのであります。

と申しますのは、ただ一つ例外として認められた物部氏でさえ、すなわち特別に朝臣姓を賜るというような殊遇をこうむった物部氏でさえ、祖神饒速日がどういう系統の神であるかはわからないからです。つまり尊貴なるがゆえに優遇をこうむったと考えられる物部氏さえも、『記紀』による限り饒速日から先には系譜をさかのぼることができない。つまり饒速日は系統不明の天つ神である。

そういうことを考えますと、先祖の神々の系統が不明の氏はたくさんあるのです。それはたとえば国造の系譜を見ていただくとわかります。先祖がわからないのがたくさんあります。葛城国造剣根《つるぎね》、これもそれ以上にはさかのぼらない。紀伊国造天道根《あめのみちね》、これもそれから先はわからない。少なくとも天皇家につながる天照とか高皇産霊との関係などは出てこない。阿岐国造は同族が非常に多く、かなり広く分布している。しかしこのように広く分布した有力な国造家でも、その先祖の天湯津彦命はやはり系統不明の神なのです。このような系統不明の神を祖先神として持つ氏々は、ひょっとすると物部氏と同様に東遷という歴史を持っておったのではないか。そして私に言わせると東遷即降臨でありますから、降臨神話を持っておったのではないか。「国造本紀」白河国造の条に天降矢田部彦命とあるのはそのことを証明するものではないか、と思うのであります。

ところが、大王家は自家の独自性を強調し、絶対者たることを強調するためには、同種の伝承あるいは同種の信仰はつぶしていかなければならない。たとえば日神の信仰、太陽神信仰も広くあったけれども、これはやはりほとんどつぶされた。しかし時に残存している例があることは、よく指摘されるとおりであります。そうしますと降臨神話も大王家の絶対性・尊貴性を損なうような説話として、一般の氏族にはこれを認めない。どうやら妥協したのが物部氏だけ。物部氏については、これはとくに有力な氏だというわけで、大王家としてはこれだけは例外として認めたということになるのではないかと想像するのであります。

以上、系統不明の祖先神を持つ氏は、ひょっとしていずれも降臨神話を持っていたのではないかということをご披露したわけであります。

それから、先ほど申しましたように、大王家の伝承では海人族を頼み、その支援を受けて東遷したと伝えるのに対して、物部氏は初めから船長以下の航海民を自前で持っていたように伝えている。その違いもさることながら、その東遷は、ほぼ同じ航路を通っているように思われるわけですから、次にその先後関係がどうであったかを考えてみなければならないわけであります。

『日本書紀』によりますと、饒速日は神武が大和へ来る前にすでに来ていて、長髄彦《ながすねびこ》の妹の長髄媛《ながすねびめ》をめとって、すでに子供もあったという。つまり『日本書紀』では饒速日は少なくとも大和において神武の先住者として語られている。『古事記』の方はその逆なのでありまして、先ほど申しましたように邇芸速日が神武天皇に申しあげることには、「天つ神の御子」が「天降りましぬ」と聞きて、「追ひて参降り来つ」と、自分は神武の後を追うようにしてやってきたと書いてある。

いずれにせよ、饒速日はその忠誠をよみせられて天皇から厚く遇せられたことになっておりますけれども、『古事記』と『日本書紀』とでは神武との先後関係が逆なのであります。どちらが正しいのか。それは『書紀』に書いてあるんですから天武の史局は最終的には『日本書紀』の饒速日が先住者であるという説をとったことになりますけれども、『古事記』の説も捨てがたいわけでありまして、このあたりで私の判断が揺れるわけであります。

先ほど申しましたように、物部氏は航海民の中に「為奈部」を持っている。ところが『書紀』の伝承では「猪名部」は応神朝に新羅王から奉られたことになっております。仮にこれを事実としますと、饒速日の東遷は応神朝つまり四世紀の末とか五世紀の初めを遡らないということになるわけです。いっぽう『日本書紀』の言うところを踏まえて考えますと、饒速日は神武より先に大和に来たことになるんです。つまり神武東征はそれより後ということになりまして、大変時代が下ってしまうのでありますが、それはどう考えても無理ということになります。ですから物部氏がその航海民のなかに猪名部を抱え込んだのは、この航海民の組織がはじめてつくられた時代よりかなり後だとでも説明するほかはないことになります。

それから、そもそも跡部首などと部を称するものがいるわけです。だからそれは部ができてからでなければばならない。そう考えると、これらの航海民の集団組織はかなり新しいことになる。つまり部民制がとられてからということになる。しかし、それではますますもって神武東征の時期が遅れてしまいますから、私は、これらの名称にこだわるのはよくないだろう、すなわちこれらの実体と名称には時間的な差がある、やはりこれらの実体が活躍した時期をもう少し前に考えるべきだと思います。私は物部氏の東遷は、ある程度古く考えた方がよいと思っているわけであります。

その理由は大したことはないんですけれども、たとえば関門海峡を押さえた赤間物部、これは名前のみ伝わっておりまして、赤間物部の某がおったという実在の証拠、人物の例などは一切知られていないのであります。したがって、仮にこれが存在したとしても、かなり古いものであり、やがては衰滅して、そういう人間そのものは史料にまったく伝わらないということであって、物部氏の東遷はそういうことを踏まえて、少し古く考えてはどうかと思うのであります。そして神武の東遷はその後だと考えたらどうかと思います。

それは、いま申しましたように、神武東遷にまつわる海人族の分布は物部氏東遷にまつわる分布よりも後世実在した例が非常に多いと思われるからであります。それはつまり新しい事実を踏まえているからではないかと考えたわけであります。これらの伝承などを扱う場合に総じて一番苦労するのは、絶対年代をどう決めるかということでありまして、これについては私もいまだに、まったく定見がございません。この点についてはすべてこれからの研究課題としたいと思っているわけであります。

（原題「降臨と東遷──大王家・物部氏と海人──」『国史学』一三四、一九八八年、国史学会）

三　蘇我氏と古代王権

1　蘇我氏の歴史的位置

古代史上におけるソガ氏　大化前代の一世紀あまり、稲目《いなめ》・馬子《うまこ》・蝦夷《えみし》・入鹿《いるか》の四代にわたって大《おお》臣《おみ》ないし私擬大臣として権勢を誇ったソガ氏は、官司制を創出して政治制度を整備し、また屯倉《みやけ》の新設にあたっては田令《たつかい》を任命派遣し、田部《たべ》の戸籍を作成するなど新しい屯倉の管理運営方式を採用したり、仏教の公伝にさいしてはその受容を推進し、わが国最初の本格的伽藍《がらん》である飛鳥寺《あすかでら》（法興寺）を創建して飛鳥文化開花の口火を切るなど、政治・経済・文化・宗教などの各方面にわたって大きな業績をのこした。したがって大化前代に関説する場合、ソガ氏は避けて通れない存在である。

本章はそのソガ氏に視点をすえ、古代史上おけるソガ一族の動向と、ソガ氏の目からみた日本古代国家の形成過程を追求しながらその役割を正当に評価し、位置づけることをねらいとする。

ソガ氏は孝元天皇の後裔と称する臣姓《おみせい》の豪族である。日本古代国家は大王家《おおきみけ》を中核とし臣姓豪族が結集して形成した大和政権の発展したものである。したがってソガ氏は大和政権の一構成分子である。

臣姓豪族は、おおむね天皇の後裔すなわち皇別《こうべつ》氏族と称する。これは事実ではなく、彼らの氏々と大王家との合意のもとに造作された系譜にもとづくものである。臣姓豪族を通観すると、しばしば大王に抵抗し、なかには大王に討滅されるものがあり、また大王家に娘をいれてその外戚となることが多い。これは臣姓豪族が大王家を核として結集する場合、大王家と対等とまではいかなくとも、それに近い立場でむすびついたことを暗示する。

ソガ氏の本貫地とソガの地　また臣姓豪族の通例として、その氏の名は本貫地《ほんがんち》（本拠地・発祥地）名に由来する。ソガ氏の本貫地については後述のように、⑴大和宗我説、⑵大和葛城説、⑶河内石川説の三説があっていまだに定説がない。しかし、ソガを名乗る以上、大和宗我を本拠地とした時期があったことは疑いをいれないであろう。

大和宗我は『延喜《えんぎ》神名式《しんめいしき》』に大和国高市郡《たけちぐんそ》宗我坐宗我都比古神社《がにますそがつひこじんじゃ》二座とある大社の鎮座地（奈良県橿原市曾我町）であり、『万葉集』（一二―三〇八七）に、

　真菅よし　宗我の河原に　鳴く千鳥……

と詠まれたところである。「真菅よし」は宗我の枕詞で、真（マ）は形状言、菅は「スガ」で水辺に繁茂する植物のこと、ソガと類音のゆえに枕詞にもちいられたもの。「よし」は「青丹よし」の「よし」と同様の複合助詞である。「真菅よし　宗我の河原」は美事な菅の繁茂する宗我川の畔の実景を詠んだもので、ソガは、すなわちスガに由来すると考えられる。曾我の地は曾我川の畔の微高地で、

1 蘇我氏系図

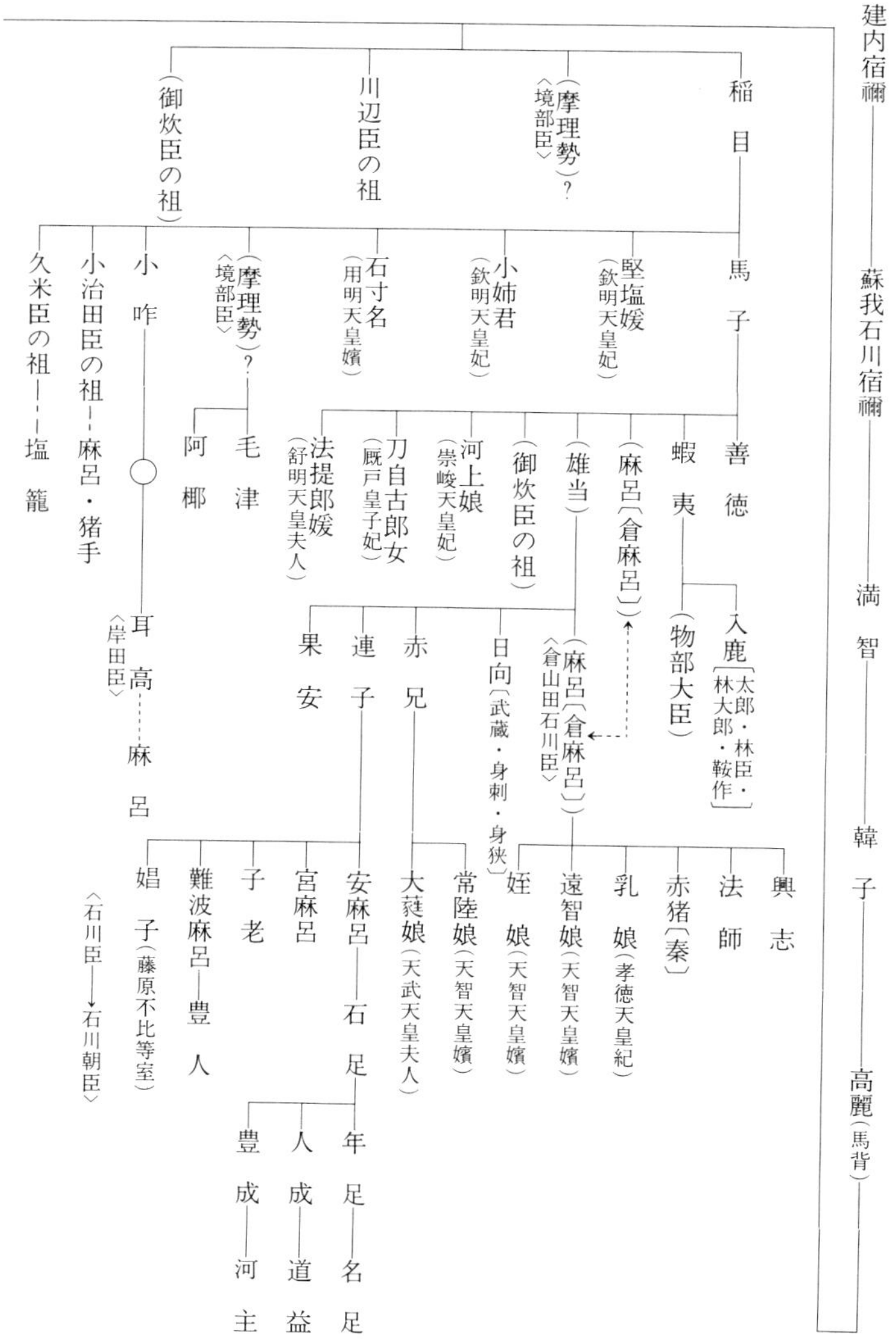
建内宿禰
蘇我石川宿禰
満智
韓子
高麗（馬背）
稲目
（摩理勢）？〈境部臣〉
川辺臣の祖
（御炊臣の祖）
馬子
堅塩媛（欽明天皇妃）
小姉君（欽明天皇妃）
石寸名（用明天皇嬪）
（摩理勢）？〈境部臣〉
小咋
小治田臣の祖
久米臣の祖
塩籠
麻呂・猪手
耳高〈岸田臣〉
麻呂
毛津
阿椰
善徳
蝦夷
（麻呂（倉麻呂））
（雄当）
（御炊臣の祖）
河上娘（崇峻天皇妃）
刀自古郎女（厩戸皇子妃）
法提郎媛（舒明天皇夫人）
入鹿（太郎・林臣・林大郎・鞍作）
（物部大臣）
（麻呂（倉麻呂））〈倉山田石川臣〉
日向（武蔵・身刺・身狭）
赤兄
連子
果安
興志
法師
赤猪（秦）
乳娘（孝徳天皇妃）
遠智娘（天智天皇嬪）
姪娘（天智天皇嬪）
常陸娘（天智天皇嬪）
大蕤娘（天武天皇夫人）
安麻呂
石足
宮麻呂
子老
難波麻呂
豊人
娼子（藤原不比等室）
年足
名足
人成
道益
豊成
河主
〈石川臣→石川朝臣〉

桜井臣の祖（和慈古？）
田中臣の祖┈┈足麻呂・鍜師
箭口臣祖┈┈音　檲
川堀〈田口臣〉┈┈筑　紫
○
猪子〈高向臣〉──宇　摩┈┈国押・麻呂

注　（　）は別名、〈　〉は枝氏名を示す。（　）はその系譜的位置に異説のあるものを示す。……はその間に世代の省略があること、┈┈は上掲の人物の子孫であるが、あるいはその兄弟・同世代の可能性もあることを示す。川堀・猪子は高麗の直接の子孫ではない可能性もあるので、図のように示した。

川原には、いまも菅が繁茂している。

ところで菅は「スガスガしい」の語源であることから知られるように清浄・潔白、したがって神聖をその属性とし、古代以来神饌を供する敷物にしたり、神祇祭祀にあたって、さまざまな祭具を造るのにもちいられた。このことからもわかるように、清浄・潔白・神聖なものとして尊ばれたのであり、やがて菅そのものが神格化されるようにもなった。『延喜神名式』の宗我都比古神社二座とは菅を神格化したソガツヒコ・ソガツヒメ二神のことをさすのであろうし、この二神がソガの地霊神ともされていたのである。それゆえソガの地は古代にあっては一種の聖地とみなされていたのであり、ここにある時期、ソガ氏が本拠を置いた意義はソガ氏の神祇信仰を探る手がかりを与えてくれる点にありとしなければならない。

さて、このソガの地の地理的位置をみると大和盆地の南部を東西に横断し、東は泊瀬《はつせ》をへて東国に通じ、西は大坂越《おおさかごえ》をへて難波《なにわ》にいたる古代の幹線道路横大路《よこのおおじ》と奈良盆地を南北に縦貫し、北は山背、南は木の国に通じる下《しも》ツ道との交点に近い交通の要衝である。かつ曾我川を上流へさかのぼると、檜《ひの》前忌寸《くまのいみき》と総称された渡来系氏族の雄　東　漢《やまとのあやうじ》氏一族の集住地檜前にも通じる。ソガ氏と東漢氏との親密な関係の背景として、この地縁的関係も無視できないであろう。

ソガ氏の出自　『古事記』によればソガ氏は孝元天皇の孫（『日本書紀』では曾孫とする）、建内宿禰《たけのうちのすくね》の男蘇賀石河宿禰を始祖とし、以後の系譜を諸史料によって推定すれば満智《まち》―韓子《からこ》―高麗《こま》―稲目となる。この満智の名が応神紀にみえる百済の権臣木満致《もくまんち》の名に一致することから、ソガ氏を百済系渡来氏族とする説もあるが、この一致は偶然にすぎないとする考えもある。韓子については継体紀に「大日本の人、蕃女を娶《めと》りて生めるを韓子とす」とあり、ソガ韓子もそのような日韓混血児だとすると父は日本人であるからソガ氏渡来氏族説は成り立たないことになる。また、ソガ氏の支族には大王に食膳を供献する義務を負ったものが少なくないことを理由にソガ氏渡来系氏族説を否定する考えもある。

ともあれ、満智―韓子―高麗までの系譜は、それ以後の稲目―馬子―蝦夷―入鹿とちがって異国的であり、前後に断絶があるようにも思える。これに関しては前者（満智―韓子―高麗）は、ソガ氏の支族倉《くら》氏が、後者（稲目以下）に架上した系譜であり、満智・韓子・高麗は朝鮮三国の百済・新羅・高句麗から連想・造作されたもので実在の人物ではないとする説がある。しかし一方では、これを実在とみる説もあり、その評価はむずかしい。ただ高麗と稲目の間に一つの断層があることは、いくつかの理由から認められるであろう。その理由とは、第一に稲目にいたってはじめて大臣となり、ソガ氏は大和政権の中枢に位置を占めるようになったこと、第二に稲目がその二女堅塩媛《きたしひめ》と小姉君《おあねのきみ》を欽明天皇にいれ、はじめてソガ氏が大王家の外戚となったこと、第三にソガ氏の枝氏を検討すると、高麗以前にわかれたものはわずか二氏にすぎないが、稲目の後と称するものは六氏を数え、前後に著しい差が認められることなどである。

右の第一について、稲目がいかなる背景のもとに大臣となりえたのかが問題である。これについて、かつての大臣家葛城《かずらき》氏の娘を稲目がめとったことにより、大臣就任の資格を獲得したという説がある。だが葛城氏との通婚を可能としたものは何であったかは、なお不明といわざるをえない。

第二について、かつての大臣家葛城氏が大王家の外戚の地位を保持した例をみると大臣に就任したために、その娘を大王家にいれることもできるようになったと考えられる。

第三について、稲目以前の枝氏は川辺朝臣《かわべのあそん》・高向《たかむこ》朝臣の二氏であるが、その本貫地はいずれも河内国石川郡である。稲目の後と称する枝氏は桜井朝臣・箭口《やぐち》朝臣・田中朝臣・小治田《おはりだ》朝臣・岸田朝臣・久米《くめ》朝臣の六氏で、それぞれの本貫地はいずれも大和曾我の近辺である。ここで枝氏をだすことの意義を考えてみよう。氏《うじ》とは大化前代における政治的特権集団であるといわれるように、各氏は大和政権においてそれぞれ一定の政治的地位を認められ、政権の構成分子として政治に参加するものであり、また枝氏は本氏からの分岐にあたっては経済的独立を保証するため経済基盤の分与にあずかったのである。このような観点からソガ氏の枝氏分岐の様相をみるなら、稲目以前におけるソガ氏の政治・経済的実力は微々たるもので、稲目にいたってその実力は飛躍的に向上したことがうかがわれるであろう。また、その勢力微弱なる時代の枝氏の本貫地が河内石川であることは、ソガ氏がかつて河内石川地方を本貫とした時期のあったことを推測させる。稲目の後と称する枝氏の本貫がいずれも大和宗我の周辺であることは、稲目の時に竹内越《たけのうちごえ》をへて、河内石川から大和宗我に本居を移したのではないか。それはたまたま安閑・宣化朝と欽明朝の両朝併立期で大和政権が内部分裂により混乱していた時期である。稲目はその虚をついて大和入りをはたし、欽明天皇支持の立場をとったのであろう。

2　蘇我氏の盛衰

欽明朝のソガ氏　ソガ氏の発展は稲目が欽明天皇を支持し、その政権の強化をたすけ、大王の全国支配を飛躍的に高めることにともなうものであった。『古事記』には歴代天皇の皇居が記されているが、そのなかで欽明天皇のそれのみ「師木島《しきしま》の大宮」と呼んでいて、ほかの皇居を「大宮」と呼んだ例は絶無である。また、その皇居の所在地「師木島（敷島）」は『万葉集』などでは「大和」の枕詞として用いられる。後代からみて欽明天皇の存在がいかに偉大なものと観ぜられたかがうかがわれるであろう。

欽明王権を考えるうえで、もう一つの手がかりがある。「師木島の大宮」の跡は未詳ながら、およその位置は三輪山《みわやま》の南西麓あたりと推定されている。それは大和国磯城郡《しきぐん》・十市郡《とおちぐん》のあたりである。飛鳥の近辺に旧国名と同じ地名が多く現存していることは、藤原宮造営にあたり諸国から徴発された人夫の宿泊地の名残りであろうとする見解がある。いま、この考えに準拠してみると、磯城・十市地方には国造《くにのみやつこ》の国名に等しい地名がかなり認められるのである。これは欽明朝のころ「師木島の大宮」の造営にあたり、諸国造を通じて、その配下の人民を徴発し上京させて使役した名残りではあるまいか。欽明朝は国造制をフルに活用して全国支配を強化した時期と捉えることができるように思われる。稲目はこのような欽明天皇を強力に支持し、大和政権の強化、ひいてはソガ氏の権力強化を実現した人物として高く評価されなければならないであろう。

このようにソガ氏は稲目にいたって飛躍的発展を遂げたのであり、それ以前については、なお不明のことが多いのである。まず、その元祖である孝元天皇にしてからが、いわゆる欠史八代のなかの天皇で、早くからその実在を疑われており、遠祖建内宿禰《たけのうちのすくね》にしても孝元の皇孫とも皇曾孫とも伝え、『記紀』の間に違いがあり、また国家の頭梁《とうりよう》の臣、歴朝内廷に仕えた忠誠の臣、そして長寿の人として理想化された人物像で実在性に乏しい。始祖の蘇賀石河宿禰にしても『日本三代実録』によれば石川の別業に生まれ、後に宗我の大家《いえ》を賜ってこれに居り、宗我を名乗ったとするが、建内宿禰と石川

2　蘇我氏と大王家との関係系譜

- 稲目
  - 堅塩媛（欽明妃　用明・推古母）
  - 小姉君（欽明妃　崇峻母）
  - 石寸名（用明嬪）
- 馬子
  - 刀自古郎女（聖徳太子妃　山背大兄王母）
  - 法提郎媛（舒明夫人　古人大兄皇子母）
- 倉山田石川麻呂
  - 遠智娘（天智嬪　持統母）
  - 姪娘（天智嬪　元明母）
  - 乳娘（孝徳妃）
- 赤兄
  - 常陸娘（天智嬪）
  - 大蕤娘（天武夫人）
- ?
  - 刀子娘（文武嬪）

の別業の関係などほかに徴すべきものはなく一切不明である。かりに満智以後を実在としても、それ以前の系譜には疑問が多く、ソガ氏の起源・沿革についてはわからないところが多いのである。

外戚としてのソガ氏　さて、稲目がその二女を欽明天皇にいれて大王家の外戚となってからは、ソガ氏は代々その子女を大王家にいれて外戚の地位を保持し、また所生の皇子女を大王に立てて権力を握った。いまソガ氏と大王家との関係を系譜で示すと図2の通りである。

図のように六、七世紀にはソガ氏の子女が多く大王家に入り、そこにソガ氏の血を引く多くの皇子女が生まれ、ソガ氏の尊貴性もいちじるしく高まった。蝦夷・入鹿が討たれて本宗家が滅びてのちも倉山田石川麻呂・連子《むらじこ》・赤兄《あかえ》の兄弟があいついで大臣となり、その子女が皇妃となるなど大化改新後も、なおその尊貴性を保持しつづけ、藤原不比等《ふひと》も連子の娘娼子《しょうし》を娶ることによって、そのステイタスを高め、大王家ともミウチとなった。

ソガ氏の没落　だが、和銅六年（七一三）、文武天皇の嬪《ひん》であった石川刀子娘《とすのいらつめ》が嬪号を奪われる事件が起こった。これは文武なきあと、未亡人としての刀子娘に不謹慎なおこないがあったとして嬪の称号を奪ったのであろうが、その背景には刀子娘所生の二皇子の存在が藤原不比等の外孫である首皇子《おびと》（後の聖武天皇）のライバルであったため、それを排除する目的があったらしい。すなわちソガ氏の血を引く二皇子は首皇子の強敵であったので、二皇子の生母に難癖をつけ嬪の地位を奪ってしまえば、所生皇子も皇子の籍を失い、皇位継承権を失うことになるのである。この二皇子は母氏について石川朝臣を称して臣籍に降り、後に高円《たかまど》朝臣を賜った広成《ひろなり》と広世《ひろよ》の兄弟である。これを最後として以後ソガ氏はその子女を入内《じゅだい》させることは皆無となり、藤原氏がそれにとってかわるのであった。八世紀以降のソガ氏は政治的にほとんどみるべきものがなくなって、やがて歴史の波間にその姿を没するのである。

（原題「古代国家と蘇我氏」『蘇我氏と古代国家』一九九一年、吉川弘文館）

四　蘇我氏の出身地

はじめに

大化前代の一世紀あまり、稲目・馬子・蝦夷・入鹿の四代にわたって大臣（ないし私擬大臣）として繁栄を誇った蘇我氏については、その出自・系譜・本貫などについて常に疑問が付き纏うのである。古代氏族にとってその出自・系譜・本貫などは、どれ一つとして忽せに出来るものではない。しかるに、蘇我氏のごとき雄族にしてなおかつこれらが明らかでないということは、古代史研究の欠陥と評されても止むを得ない。小論では右の疑点のうち、とくに本貫のことに限って卑見の一端を紹介してみたい。

1　従来の諸説

蘇我氏の本貫に関する古典的・通説的な学説は言うまでもなく「大和・蘇我」説である。大化前代の臣姓を称する豪族が、おおむね本貫地の地名を氏の名としている事実によれば、蘇我氏も「大和・蘇我」の地を本貫地としたと考えるのは当然であって、いまでもこの説を支持する人は少なくないようである。古くは本居宣長、明治以降では栗田寛・吉田東伍、次いで太田亮らがそうであり、近くは門脇禎二氏がこの説を採っている。

これに対して「河内・石川」説が古くからあった。それは延喜元年（九〇一）に勅撰された『日本三代実録』の元慶元年（八七七）十二月二十七日癸巳条の記事で、それによると武内宿禰の子宗我石川宿禰は河内国の石川の別業に生まれたので石川を名としたが、後、宗我の大家を賜って住居としたことによって宗我宿禰の姓を賜った、というのである。これによれば、河内・石川は蘇我氏の始祖の出身地、すなわち本貫の地ということになろう。ただし、後に大和・蘇我に居を賜い、蘇我を以て氏名としたというのであるから、本貫は蘇我であるという言い方も可能であり、『三代実録』の記事には曖昧さが遺る。この点を批判する人は、『三代実録』の記事を後代の造作として却けるのである。

次に第三の説として「大和・葛城」説を紹介しておく。これは、蘇我氏系譜の高麗以前を架空の人物であり、後の造作であるとし、稲目はかつての大臣葛城氏に連なる人物であり、それ故に大臣にも就任できたとみる説である。また、そう考えることによって、馬子が推古女帝に葛城県を自分の本居であるとして要求したり、蝦夷が葛城の高宮に祖廟を立てて八佾《やつら》の舞を奉納したというような『日本書紀』の記事も納得できるという。『聖徳太子伝暦』に葛城寺を蘇我葛木臣に賜うとあるのも一証とされる。これは志田諄一氏の唱えられた新説である。

さて、以上三説のうち、筆者が採るのは第二の「河内・石川」説であるが、その理由を述べる前に、第三説を唱える志田氏の主張に耳を傾けてみたい。

志田氏は蘇我氏系譜を高麗以前と稲目以後とで分断し、前者の実在を疑い、さらにその系譜を蘇我一族のなかで大化以後に栄えた蘇我倉氏による造作とする。『古語拾遺』の麻智による三蔵撿校伝承も、また蘇我倉山田石川麻呂の子に秦の名があるのも、皆関係のあることで、石川宿禰も石川麻呂が構想した人物ではないか、ともいわれる。さらに蘇我倉氏が「蘇我の倉の山田の石川」という四重の複姓を称したのは、山田が大和における本拠地であり、河内石川は蘇我倉氏の出自の地であったからであろう。したがって蘇我氏の本貫は大和の蘇我であり、河内の石川は蘇我倉氏の本貫だった、ともいわれる。

志田説は蘇我氏の内部を本宗と枝氏（倉氏）とで分けて考える点に特色があるが、本宗も、もとを正せば大和の葛城を発祥地とするということになり、行論の過程で第一説との違いも、いささか曖昧になる嫌いはある。そこで、これについての批判も含めて最近の卑見を述べてみることとする。なお、従来筆者の考えていたことは拙稿「ソガおよびソガ氏に関する一考察」（『律令国家成立史の研究』所収）に詳しいので、ここでは省略に従う。

2　蘇我氏の枝氏

蘇我氏に、枝分れした氏族の多かったであろうことは、推古紀二十年二月庚午条に皇太夫人堅塩媛《きたしひめ》を檜隈大陵（欽明陵）に改葬する日の誄詞奏上の儀式において「大臣（馬子）、八腹臣等を引き率《い》て、便ち境部臣摩理勢《まりせ》を以て、氏姓の本を誄さしむ」とあることからも察せられるが、具体的な氏の名は、ここでは境部臣しか知られない。境部臣については舒明即位前紀にも「是の時に適《あた》りて、蘇我氏の諸族等《やからども》悉《ことごとく》に集ひて、嶋大臣《しまのおおおみ》（馬子）の為に墓を造りて、墓所《はかどころ》に次《やど》れり。爰《ここ》に摩理勢臣《まりせのおみ》、墓所の廬《いほ》を壊《こほ》ちて、蘇我の田家《なりどころ》に退《まか》りて、仕へず」とあることとあわせ考えて、蘇我氏の枝氏であることは間違いないのであるが、その他の諸氏については『新撰姓氏録』によるほかはない。いま、同書から蘇我氏の同族諸氏を抽出すると次の通りである（これに便宜上(1)から(11)まで番号を付ける）。なお、先述の境部臣は舒明天皇登極直前の紛争で蝦夷大臣のために滅ぼされたので、『姓氏録』に見えないのは当然かも知れない。

新撰姓氏録抄　（〔　〕内は筆者注）

左京皇別上　起二源朝臣一。尽二新田部宿禰一。卅二氏。

(1)　石川朝臣〔河内、石川郡〕

大化元（六四五）　(2)　孝元天皇皇子彦太忍信命之後也。日本紀合。

田口朝臣〔大和、高市郡田口村（橿原市和田町付近）〕〔紀、大化元年九月丁丑　蘇我田口臣川堀〕

石川朝臣同祖。武内宿禰大臣之後也。蝙蝠臣。豊御食炊屋姫天皇（五九二〜六二八在位）〔諡推古。〕御世。家二於大和國高市郡田口村一。仍号二田口臣一。日本紀漏。

舒明前（六二八）　舒　(3)　櫻井朝臣〔石川郡桜井（富田林市桜井）。河内郡桜井郷（東大阪市池島町付近）・大和、十市郡桜井（奈良県桜井市）〕

石川朝臣同祖。蘇我石川宿禰四世孫稲目宿禰大臣之後也。日本紀合。

〔中間紀氏等八氏略〕

持統前（六八六）　(4)　箭口朝臣〔八口　壬申紀、香山付近カ〕

宗我石川宿禰四世孫稲目宿禰之後也。

右京皇別上　起二八多朝臣一。尽二猪使宿禰一。卅三氏。〔高向以下は連続〕

舒明前（六二八）　舒　(5)　高向朝臣〔河内、錦部郡（元、石川郡）高向（河内長野市高向）〕

石川同氏。武内宿禰六世孫猪子臣之後也。日本紀合。

推古三十一（六二三）　(6)　田中朝臣〔高市郡田中（橿原市田中町）〕

武内宿禰五世孫稲目宿禰之後也。日本紀合。

舒明前（六二八）　舒(7)　小治田朝臣〔高市郡小墾田（高市郡明日香村）〕
同上。日本紀合。

欽明二十三（五六二）　(8)　川邊朝臣〔石川郡川野辺（南河内郡千早赤坂村川野辺）〕
武内宿禰四世孫宗我宿禰之後也。日本紀合。

大化二（六四六）　(9)　岸田朝臣〔大和、山辺郡岸田村（天理市朝和町）〕
武内宿禰五世孫稲目宿禰之後也。男小祚臣孫耳高。家二居岸田村一。
因負二岸田臣号一。日本紀合。

大化元（六四五）　(10)　久米朝臣〔高市郡久米郷（橿原市久米町）〕
武内宿禰五世孫稲目宿禰之後也。日本紀合。

養老五（七二一）　(11)　御炊朝臣
武内宿禰六世孫宗我馬背宿禰之後也。日本紀漏。

さて、『姓氏録』によれば、蘇我氏の枝氏には稲目の後と称するものが圧倒的に多い。(3)(4)(6)(7)(9)(10)の六氏は紛れもなくそうであるし、(2)も推古朝に初めて田口臣を称して分立したというから、その初代蝙蝠《かわほり》が稲目の子である可能性は大きい。もっとも蝙蝠は大化元年紀に蘇我田口臣川堀《かわほり》と見え、この年（六四五）が稲目の没（五七〇年）後、七十五年を経過していることからすれば、蝙蝠が稲目の孫に当る可能性もないではない。いま、そのいずれとも決める手だてはないが、推古朝の分立ということに注目して、いまは一応稲目の子と推定しておくことにしたい。

以上の考察からは、稲目の子が彼の在世中から没後にかけて、次々に分立していったことが推測される。その場合忘れてならないことは、氏の分立とは、「氏」が日本古代社会における政治的特権集団に対する称呼であることからも知られるように、それぞれが大和政権内部において然るべき政治的地位を保持することを前提とし、かつそれを可能ならしめる経済的基盤の確保を前提としなければ意味がないということである。つまり、本宗から適当に経済的基盤を分与されることが、氏の分立の必須条件となるのである。そうすると、右に見た事実は、稲目から馬子にかけての時代、換言すれば欽明朝から推古朝にかけて、蘇我氏が政治的には勿論のこと、経済的にも著しく強大化したことを裏書きしているとみるべきであろう。

それはさて措き、稲目の後裔以外の枝氏についても若干触れておかなければなるまい。(1)の石川朝臣は志田氏のいわゆる蘇我倉氏のうち、天智朝の大臣連子の子安麻呂・宮麻呂らの世代が改賜姓にあずかったもので、蘇我大臣家滅亡後の本流であり、蘇我倉氏の初代倉麻呂（またの名は雄当《おたぎ》。石川麻呂と同一人との説あり）は馬子の子、蝦夷の弟と伝えられる。

次に(5)の高向朝臣（臣）は武内宿禰六世孫猪子臣《いのこのおみ》の後とあるが、蘇我氏の本宗でみれば武内宿禰五世孫が稲目《いなめ》であるから同六世孫は馬子となる。かりに右の猪子が馬子の兄弟なら、(3)以下の六氏同様「稲目の後」と表記すれば済むことで、なにも紛らわしい表現をとる必要はないであろう。そこで考えられるのは、高向氏が稲目——馬子の系譜に直線的につながる枝氏ではない、ということであろう。この問題を考えるために(8)の川辺朝臣について見ておきたい、川辺氏は「武内宿禰の四世孫宗我宿禰の後なり」とあるが、「四世孫」から考えれば、これは系譜上の高麗に相当するわけだが、なぜ宗我宿禰などと漠然とした表現をとっているかが疑われる。佐伯有清氏によれば、ここは「宗我馬背宿禰」とあったのであろうという。そうすると、「馬背宿禰の後なり」と伝える(11)の御炊朝臣に眼を移さなくてはならない。そこには「武内宿禰の六世孫」とあるからである。佐伯氏によると『紀氏家牒』に「蘇我稲目宿禰は、蘇我石河宿禰の玄孫、満智宿禰の曾孫、韓子宿禰の孫、馬背宿禰〈亦高麗と曰う〉の子」「蘇我馬背宿禰の男稲目宿禰」「韓子宿禰の男蘇我馬背宿禰、亦高麗宿禰と曰ふ」などとあり、これによるときは、馬背は四世孫であるから、御炊《みかしぎ》氏は六世孫馬子宿禰の後、もしくは四世孫馬背宿禰の後のいずれかであり、「六世孫馬背宿禰」は誤りということになる。『紀氏家牒』の信憑性ということについては未だ定見を持ち得ないが、これによれば、少なくとも川辺氏は稲目の兄弟の後とだけは言えるであろう。つまりやはり稲目——馬子の直系ではないのである。御炊氏については、「御炊朝臣人麻呂」の名が『続日本紀』養老五年六月辛丑条に見えるばかりで、考究の手がかりがないし、この氏のみ地名ではなく職名を氏の名としているらしいのも奇異に感じられる。とにかく、本貫地推定の手がかりが、まったくないので、これ以上には触れないことにする。

ここで、再び(5)の高向朝臣（臣）に立ち返ろう。高向氏が川辺氏同様、稲目の兄弟（の子）から出たとすれば、当然「武内宿禰の四世孫宗我宿禰の後なり」とされたであろうが、実際にそうなっていないところを見ると、高向氏はさらに一代前に枝分れしたのではないかと思われる。つまり「武内宿禰の三世孫韓子宿禰の後」なのではあるまいか。では、『姓氏録』にそのようになっていないのはどういう理由であろうか。ここで、氏の分立について先述したところを想い返してみると、高向氏は一応枝分れはしたものの、その経済的基盤も脆弱《ぜいじゃく》で、氏として独立するまでには至らず、したがって大和政権内にそれなりの地位を確保するまでには至らなかったが、馬子と同世代の猪子に至り、本宗家の隆昌にともない漸く古代氏族として自立し得る基盤を獲得したと考えてはどうか。高向臣の史上初登場が、推古天皇崩後の皇嗣選定会議における宇摩《うま》（馬か）臣であるのも時間的に無理がない。

ここで(9)の岸田朝臣の場合をあわせ考えてみよう。この氏は「稲目の後」とは言うものの、岸田臣としての独立は稲目の子小祚臣《おそのおみ》ではなくて、その孫の耳高《みみたか》の時代であるという。とすると耳高は稲目の曾孫ということになるから、大化に近い頃の人と推考される。すると孝徳紀大化二年三月辛巳条に「涯田臣《きしたのおみ》闕名」とあるのは、この耳高のこととも考えられよう。それはともかく、岸田氏も一応枝分れはしたものの、しばらくは氏としての自立性を確保できなかったが、大化に近い頃どうやら氏として自立を果すことができ、以後、大和政権の機構のなかに自己を位置づけることとなったのであろう。『日本書紀』の言葉を借りれば、「良家大夫」となることができたということである。

このように、蘇我一族の場合、枝分れしても、すぐには自立し得なかった例もあるにはあるが、多

3　蘇我氏とその枝氏系図

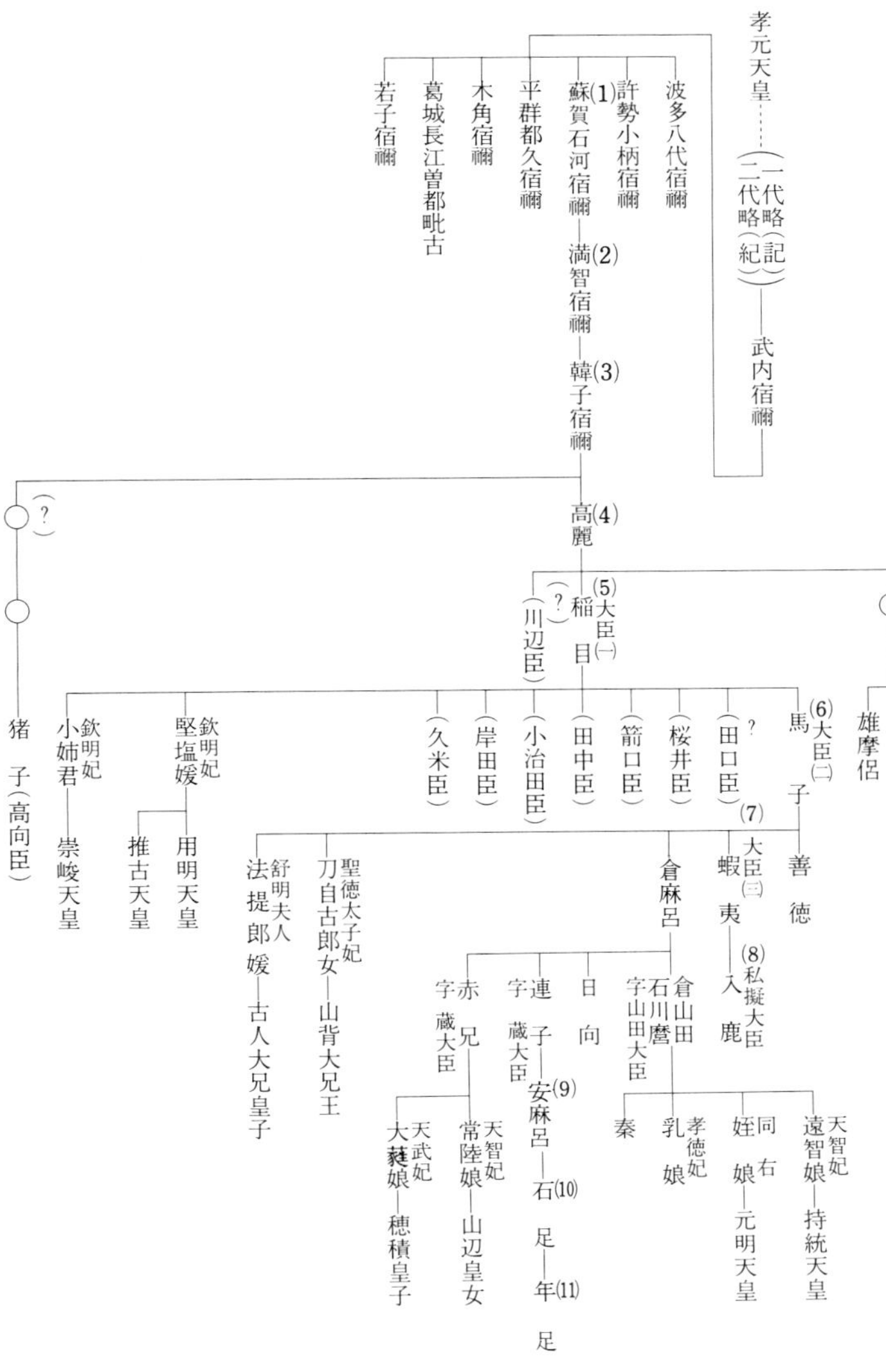

くは分家即自立という形をとって枝分れしているとみてよい。

次に『姓氏録』には載せない境部臣《さかいべのおみ》について見ることにする。境部臣が蘇我臣の同族であることは先にも見たように確かな事実であるが、よく言われるように摩理勢《まりせ》は蝦夷の叔父、すなわち稲目の子で馬子の弟であろうか。私には疑わしく思われる。第一に『日本書紀』には何処にもそのような系譜関係を示す記事はないし、「大臣蝦夷叔父」とする『公卿補任』や『聖徳太子伝暦』の史料価値は高くない。そればかりか、推古紀には摩理勢と同世代の人物雄摩侶《おまろ》の名が見える。大徳の冠位と新羅を討つ大将軍という肩書を考慮すれば、雄摩侶も摩理勢同様、熟年の人物とみられるのである。したがって、摩理勢を蝦夷の叔父とすればこの二人は兄弟で、ともに境部臣の初代と考えなくてはならないが、それは無理であろう。分立する初代が複数では分立の意味が曖昧になるし、さらに分立を重ねる必要を立ちどころに生ずることになろう。枝氏の初代は一人と限定すべきものと思う。したがって、境部臣は摩理勢・雄摩侶らの先代とか先先代といった、より古い時期に枝分れした氏と考えるのが妥当ということになろう。

以上で、蘇我氏の枝氏について一通りの検討を終えたので、次にそれら諸氏の本貫地の考定に移ろう。

3　枝氏の本貫地

表記の問題について、近刊の佐伯有清氏『新撰姓氏録の研究』考証篇第一、および同第二に詳しい考証が示されているので、それを参照しながら考えることにしたい。

まず、(1)の石川朝臣の本貫であるが、通説のように河内国石川郡（後の錦部郡を含む）としてよかろう。

(2)の田口朝臣の本貫高市郡田口村は、遺称地が伝わらないが、ここでは高市郡内であることを確認しておけばよい。なお、佐伯氏は「奈良県橿原市和田町付近」（第一―三七九頁）、あるいは「同市畝傍町和田あたりか」（三八六頁）とされる。

(3)の桜井朝臣の本貫については、(イ)河内国河内郡桜井郷（大阪府東大阪市池島町付近）、(ロ)河内国石川郡桜井（同富田林市桜井）、(ハ)大和国十市郡桜井（奈良県桜井市）の三説があるが、いずれとも速断はできない。ただ、おいおい考証して行く過程で、(ハ)がよいのではないか、ということを予測して先へ進もう。

(4)の箭口朝臣の本貫地については、壬申紀に見える「八口」と考えれば、それは「乃楽山から南へ中津道を直進して達する香久山越えの周囲と推定されている」（佐伯、前掲書第一―四二三頁）から、およそ十市・高市二郡の境界に近いあたりであろうが、いま遺称地はない。

(5)の高向朝臣の本貫地は、河内国錦部郡（もと石川郡）高向（大阪府河内長野市高向）であろう（佐伯、第二―一四二頁）。

(6)の田中朝臣のそれは、大和国高市郡田中（橿原市田中町）であろう（同書一四二頁）。

(7)の小治田朝臣の本貫も、大和国高市郡小治田（奈良県高市郡明日香村）であろう（同書一四四頁）。

(8)の川辺朝臣の本貫地については、河内国石川郡川野辺（大阪府南河内郡千早赤坂村川野辺）がそれであろうと佐伯氏は言われる。大和国十市郡川辺郷・摂津国河辺郡などもあるが、佐伯氏は河内国石川郡の人河辺朝臣乙麻呂（『続日本紀』）や河内国の人川辺朝臣宅麻呂（同上）などの実例から、大和・摂津説を却けられたものと思われる。

(9)の岸田朝臣は岸田村に家居したと伝えるが、佐伯氏は「おそらくは後の大和国山辺郡岸田（奈良

表1　蘇我氏同族の本貫地

	氏名	本貫（推定）地
(1)	石川朝臣	河内国石川郡
(2)	田口朝臣	大和国高市郡田口村
(3)	桜井朝臣	(イ)河内国河内郡桜井郷 (ロ)河内国石川郡桜井 (ハ)大和国十市郡桜井
(4)	箭口朝臣	大和国十市・高市郡堺近辺
(5)	高向朝臣	河内国錦部郡高向
(6)	田中朝臣	大和国高市郡田中
(7)	小治田朝臣	大和国高市郡小治（墾）田
(8)	川辺朝臣	河内国石川郡川野辺
(9)	岸田朝臣	大和国山辺郡岸田
(10)	久米朝臣	大和国高市郡久米郷
(11)	御炊朝臣	不明
(12)	境部臣	(イ)大和国宇智郡坂合部 (ロ)大和国高市郡檜隈郷坂合 (ハ)河内国若江郡小阪合村

県天理市朝和町）の地名にもとづく」とされる（同書一四九頁）。

⑽の久米朝臣の本貫は、大和国高市郡久米郷（橿原市久米町）であろう。

⑾の御炊朝臣については、本貫推定の手がかりがつかめないことは先述の通りである。

最後に境部臣であるが、これが地名に由来するとすれば、(イ)大和国宇智郡坂合部村（奈良県五条市坂合部）が候補地とはなろうが、坂合部を名乗る氏は数氏あり、ここが蘇我一族の境部臣の本貫地とは速断できない。倭漢氏の族坂合部首に関係ある(ロ)高市郡檜隈郷の坂合も、蘇我氏と倭漢氏との密接な関係を考慮すれば、一応候補地とすることはできるであろう。しかし、『姓氏録』では坂合部を名乗る諸氏の本貫は、大和のほか摂津・和泉にもあるから、境部臣の本貫も大和とは限らないが、何分にも滅亡してしまったのでその蹤跡を訪ねることは困難である。あるいは(ハ)式内坂合神社の所在地河内国若江郡小阪合村（大阪府八尾市小阪合）などを考えてよいのかもしれない。

以上の考察の結果を見やすく表示すれば、前表の通りである（頭書の番号のうちゴシック体で示したものは稲目以後の分立枝氏であることが明らかなもの）。

おわりに

前の表を観察すると、次のようなことが言えるのではなかろうか。すなわち、

㈠　稲目以後の枝氏は、その数が圧倒的に多い。
㈡　また、それらの枝氏の本貫ないし本貫推定地は、これまた圧倒的に大和、それも高市郡近辺が多い。
㈢　稲目以前の枝氏であることが確かなものは、高向・川辺二氏のみである。
㈣　また、それら二氏の本貫推定地はいずれも河内である。

このように一応結論づけることができるとして、これを蘇我氏の本貫「大和・蘇我」説と引き合わせてみたら、どういうことになるであろうか。すなわち、蘇我氏は大和にあって未だ勢力の微弱な時代に、遙か西方山を越えた河内に枝氏二氏を分出し、勢力が漸く増大するに及んで、その本貫地の周辺に枝氏を多数創始したということになるのである。

しかし、このような発展のプロセスというものは、およそ常識はずれといわなければなるまい。それでは、蘇我氏の本貫「河内・石川」説によって、先の事実をみたらどうなるか。蘇我氏は、その勢力の微弱な時代にあっては、本貫石川の近傍に枝氏二氏を分出するのみであったが、その勢いが漸く強大となるに及んで、（本貫を大和に移し、次いでその周辺に）枝氏を多数創始したということになる。かかる発展過程の想定が、前者より遙かに自然であることは、おそらく論を俟たないであろう。

ここにおいて、蘇我氏本貫「河内・石川」説は、もはや動かぬところと思うのであるが、如何であろうか。大方の批判を仰ぐことができれば幸甚である。

次に、本貫地についての第三説について一言触れておきたい。「蘇我葛木臣」はその史料価値に問題があるだけでなく、この表記自身が、第三説の否定材料となり得ることに注意しなければならない。つまり「蘇我葛木臣」は、「巨勢椒田臣」とか「中臣志斐連」といった類例を参照するまでもなく、「蘇我氏から分れた葛木臣」の意味で、蘇我氏が葛城臣から分れたことを意味しないのである。つまり、証明の手段とならない材料を利用していることになり、まったく無効の手続きなのである。

最後に、先ほどの㈠〜㈣から逆に⑶の桜井朝臣の本貫は飛鳥に近い㈧、⑿の境部臣はその分立が稲目以前と推定されるので、その本貫は㈧とするのが妥当ではないか、ということを言い添えて小稿をひとまず閉じることとしたい。

（原題「蘇我氏の本貫について——枝氏の考察を通して——」『呴沫集』四、一九八四年）

Ⅲ　子代名代の部と掃守

一　東国と大王家

1　大王家配下の農民集団

皆さん、こんにちは。ただいまご紹介をいただきました黛です。私は、このたびの講座のお話の舞台となる東国というものについて、これを歴史の方からお話してみようと思います。これによって、文学の方の理解の助け、あるいは土台にしていただきたい。そう思ってお引き受けしたのであります。

日本の古代史では、東国に対して西国という概念があるわけであります。そこでまず、この東と西の歴史的な性格について、古代史に限ってお話をしてみたいと思います。日本列島に縄文文化が栄えた時代、その文化の中心はどちらかと言うと東でありました。しかし、やがて朝鮮半島から新しい弥生文化が伝えられます。西日本にこれが伝えられて、これがだいたい伊勢湾くらいまで、きわめてスピーディーに拡がるのでありますが、ここまで来るとストップしてしまいます。弥生文化が縄文文化より優れている点は、たとえば、水稲耕作を行うようになり人びとの生活が安定してくる。いや、それ以上に、余剰生産物が生まれまして社会に貧富あるいは階級差が生じるとか、さまざまに言われていますが、とにかく、生活が安定するということが大きなメリットであります。しかしながら、東日本では生活条件に恵まれていたものですから、弥生文化のそのメリットを西日本ほどには感じなかった。実は西日本は東日本に比べますと、縄文時代には生活条件が悪い。言ってみれば、食うや食わずという状況もあり得たわけです。ですから、新しい文化が入ってくると、西日本は速やかにこれを取り入れる必然性があった。ところが、東日本の方は比較的恵まれているものですから、そんなに飛びつく理由がなかった。これが、伊勢湾まで来て弥生文化が一時停滞した原因であります。

しかしながら、その後、またかなりのテンポで東の方に広まったのは、弥生文化の長所が広く東の人びとにも認められるようになったということであろうかと思います。とは申しましても、たとえば、この関東地方で古墳文化の最も栄えた群馬県（上毛野国）、ここにおける弥生文化の痕跡はきわめて少ない。つまり、弥生時代には、いまの群馬県地方はあまり発達していない。ところが、弥生の末から古墳時代にかけて急速な発達を遂げます。ご承知のように関東で一番大きな古墳は群馬県（太田市の天神山古墳）にあるというわけですね。東の方に弥生文化が浸透するのは、西と比べるとかなり遅れたといえます。

ところで、稲作を行うようになって初めて、日本列島に階級社会、政治的社会が生まれるのでありますから、日本列島を統一する政権が西国に生まれ、東はその西に生まれた政権によって、統一される支配される対象になったということも歴史の必然であったのであります。そういうわけで、弥生時代を経過して次の古墳時代になるころには、西の方に、とくに大きな政治権力が生まれたのです——この日本列島の統一のプロセスというのは、学者によって考え方が色々ありまして、いまここで、これを決めるわけには参りませんが、とにかく、西で成立した政権がやがて東を押さえるというパターンは変わらないのであります——その西に出来た政権の頂点に立つ者、その政権内においてリーダーシップを握った者、これがすなわち大王家、言いかえれば天皇家であります。「天皇」という称号は七世紀以降でないと生まれませんが、今日お話しする時代はそれよりやや古いですから、時々、大王オオキミという言葉を使うかもしれませんが、天皇というのと大きな違いはないとお考えいただいて結構であります。ともかく統一政権は、西に興ったのでありますから、この政権のリーダーである大王家の政治的あるいは軍事的基盤が、古く西の方にあったということは間違いがないのであります。

五世紀くらいになりますと、この大王家をはじめとして有力な豪族たちはそれぞれ、その経済的あるいは軍事的基盤とするために配下の農民集団を組織して、これに何々部という名称を付与したようであります。たとえば葛城《かずらき》という氏がありますが、彼らの所有した農民集団を葛城部《かずらきべ》と名づけた。あるいは、蘇我氏の支配したそれは蘇我部であります。そのように、氏によって部の名前もおのずから決まるわけなのですが、大王家には氏もなければ、姓もない。なぜか。それは諸豪族の上に立つ絶対者だからであります。つまり、すべての豪族はそれぞれ氏の名を持ち、大王から与えられた姓を持っているのに、大王家自身は氏も持たず姓も持たないと言うわけでありまして、この伝統は、いまの天皇家にもちゃんと伝わっております。いまの天皇は明仁《あきひと》という本名は持っている。継宮《つぐのみや》という個人の称号は持っていた。しかし、家の名前はないんです。これが分家した三笠宮になると、親子で三笠宮といっているわけで、こうなると、これはまあ氏に準ずるものということになりますが、少なくとも天皇、皇太子、といったような天皇家の嫡系の人びとは、われわれの苗字にあたるものをいまだに持っておりません。古代も同じことであります。

したがって、古代において大王家の人びと（代々の天皇とか皇后とか）が所有し支配した部は、それぞれの人の名前とか、それぞれの人の宮の名とか、こういうものに因んで名づけられたわけであります。ここに子代名代の分布表（表2）というのがありますが、たとえば、そのいちばん上の1、「雀部《さざきべ》」ですが、これはご承知のように大雀命《おおさざきのみこと》、つまり仁徳天皇の部だといわれております雀部ですね。二番目は履中天皇、すなわち磐余《いわれ》の稚桜宮《わかさくらのみや》に天の下知ろしめした天皇の部で、石村部《いわれべ》、三番目の丹比部《たじひべ》は、反正天皇の名多遅比瑞歯別《たじひのみずはわけ》、あるいは丹比《たじひ》の柴籬宮《しばかきのみや》に因むものです。四番目は允恭天皇の遠飛鳥宮《とおつあすかのみや》に因む飛鳥部《あすかべ》。五番目は穴穂部《あなほべ》、これは安康天皇、穴穂の天皇。六番目は長谷部《はつせべ》、大長谷《おおはつせ》若建《わかたける》すなわち雄略のそれであります。七番目の白髪部《しらかべ》は、白髪稚日本根子《しらかのわかやまとねこ》すなわち清寧天皇の部。八番目の福草部《さきくさべ》は、顕宗天皇の部だといわれており、九番目の石上部《いそのかみべ》は、石上広高宮《いそのかみのひろたかのみや》の天皇、すなわち仁賢天皇のそれ。十番目の小長谷部《おはつせべ》は、小長谷若雀《おはつせのわかさざき》、武烈天皇の部。十一番目の勾舎人部《まがりのとねりべ》あるいは勾部《まがりべ》は、勾大兄《まがりのおおえ》すなわち安閑天皇の部。その次の檜隈部《ひのくまべ》は檜隈高田皇子あるいは檜隈廬入野宮《ひのくまのいおりののみや》の

表2　子代名代の分布表

	1	2	3	4	5	6	7	8	9	10	11	12	13	14	15	16	
	雀部	石村部	丹比部	飛鳥部	穴穂部	長谷部	白髪部	福草部	石上部	小長谷部	勾（舎人）部	檜隈（舎人）部	金刺舎人部	他田舎人部	刑部	藤原部	計
大和					○	○			○	○							4
山背			○		○		○								○		4
河内			○	○	○										○		4
摂津	○		○				○					○			○		5
和泉	○		○				○									○	4
伊賀																	0
伊勢		○				○									○		3
志摩																	0
尾張						○	○				○	○			○		5
三河	○					○					○	○			○		5
遠江				○		○	○			○			○		○		6
駿河							○						○	○	○		4
甲斐								○		○							2
伊豆																	0
相模			○														1
安房							○										1
上総						○			○			○			○		4
下総	○	○			○	○		○		○					○	○	8
常陸	○		○				○	○	○							○	6
近江											○						1
美濃			○	○		○	○		○						○		6
飛驒								○			○						2
信濃						○				○			○	○	○		5
上野	○						○		○	○		○					5
武蔵							○					○			○	○	4
下野	○					○	○		○						○		5
若狭																	0
越前								○				○			○	○	4
能登																	0
越中			○	○		○											3
越後																	0

	1	2	3	4	5	6	7	8	9	10	11	12	13	14	15	16	
	雀部	石村部	丹比部	飛鳥部	穴穂部	長谷部	白髪部	福草部	石上部	小長谷部	勾（舎人）部	檜隈（舎人）部	金刺舎人部	他田舎人部	刑部	藤原部	計
佐渡																	0
丹波	○														○		2
但馬	○														○		2
因幡			○												○		2
伯耆															○		1
出雲	○		○												○		3
石見							○										1
隠岐			○		○												2
播磨											○				○		2
備前			○						○								2
備中			○				○								○		3
備後															○		1
安芸			○	○													2
周防						○	○								○		3
長門																	0
紀伊				○													1
淡路																	0
阿波	○			○													2
讃岐	○														○		2
伊予																	0
土佐																	0
筑前					○												1
筑後																	0
豊前				○						○					○	○	4
豊後																	0
肥前																	0
肥後							○								○		2
日向																	0
壱岐																	0
対馬																	0
	12	2	14	8	6	12	16	5	7	7	5	7	3	2	27	6	

天皇で宣化天皇のそれ。次の金刺舎人部《かなさしのとねりべ》は、磯城島金刺宮《しきしまのかなさしのみや》の欽明天皇の部。次の他田舎人部《おさたのとねりべ》は、他《おさ》田幸玉宮《たのさきたまのみや》、敏達天皇のそれです。

以上は、いわゆる歴代天皇の名代子代の部でありますが、十五番目の刑部《おしさかべ》は允恭天皇の皇后忍坂《おしさかの》大中姫《おおなかつひめ》の部、オサカ部オシサカ部ですね。十六番は、その妹で、同じく允恭の妃であった藤原琴《ふじわらのこと》節郎女《ふしのいらつめ》の部で、藤原部だと、一応こういうことになっています。このような、大王家の人びとの個人名あるいはその宮の名などを冠した部というものを総称して、名代子代と呼んでおります。名代子代の別については、これも学説がありますので、ここでは詳説を避けますが、要するに大王家の人びとの所有支配した部であります。つまり、彼等が負担する税金がそれら大王家の人びとの生活費に充てられる。王族の家計はそれで賄われるというものであったわけであります。

ところで、古代資料から、これらの部が、具体的にどこの国にあったかということを右のように表（表2）にしたわけであります。この場合、注意していただきたいことは、とにかく大和なら大和に資料がたったひとつでもあれば、○がひとつつくんです。資料が十個見つかったってひとつなんです。ですからこの表の○というのはですね、そのなかで濃淡粗密が当然あるはずですが、そこまでデリケートな表現をすることは、この表では無理なのであります。しかし、だいたいのところは、○の分布で、どの地方に多いかというような、おおよその傾向をつかむことは出来るのではないかと思います。今日に残された資料がきわめて僅少でありますから、統計的にいささか心配があります。ただ、考えてみますと、これらの資料は、たまたま偶然に残ったものでありますから、これらの資料から帰納されるところの傾向というものは、一般的なものと考えてよいと思います。つまり、意識して残したものがこれに入っているとしますとね、この表は気をつけなければいけない。しかし、これらの資料は、誰かが、この資料だけは残そうと思って人為的に残したものじゃない。

したがって、ここに見られる一般的傾向というものは、だいたい承認してよろしいだろうと思います。たとえば正倉院にある宝物、これは意識して残したものです。したがって、あの時代の一般的なものではありません。そうですね。人民はあいうものには関係ない。ところがですね、たとえば多摩川のほとりで竪穴住居が見つかったとすれば、これは一般的であります。なぜなら、これを残そうと努力した人はひとりもいない。たまたま残ったものであり、また、たまたま発見されたものであります。したがって多摩川沿岸に奈良時代の竪穴住居が多ければ、多摩川沿岸に奈良時代かなりの人間がいたと、そういうふうに推定してよろしいというわけですね。この表のもとになった資料も無作為に残ったものであり、ここではそれを表にしたのですから、この表にみえる濃淡は、だいたい古代における分布の濃淡をかなりの程度に反映したと見てよい、そう考えるのであります。もしそう考えないとすると学問研究は成り立たないわけです。

さて、そこで、今度は3の表に移りますが、この表では1から14までは年代順なんです。15、16はですね、年代からいいますと、4と5の間に入ります。よろしいですね。したがって、5より前すな

表3　東西分布表

	部名	東	西
1	雀部	5	5
2	石村部	2	0
3	丹比部	4	6
4	飛鳥部	3	4
5	穴穂部	1	2
6	長谷部	10	1
7	白髪部	9	4
8	福草部	5	0
9	石上部	5	1
10	小長谷部	5	1
11	勾部	4	1
12	檜隈部	6	0
13	金刺部	3	0
14	他田部	2	0
15	忍坂部	12	12
16	藤原部	4	1

わち1から5までと15、16という七例は点線よりも前、点線より後は6から14まで、すなわち九例となります。そこで、まず、点線より前の時代ではこれらの部が、東と西でどのように分布しているか、東と西でまとめたものです。そういたしますと、雀部は5：5ですが、石村部は東が2、西が0、しかし丹比部にいたっては4：6、飛鳥部は3：4、穴穂部は1：2、忍坂部は12：12、藤原部は4：1、こういう数値がでますが、東と西ではそれぞれ集計しますと、西の方が三十ですか。東の方はというと、三十一。ほぼ同じという結果がでるかと思います。つまり、比較的古い時期には大王家の経済的基盤は西と東に均等に重心があった、ということであります。

ところで、6以降をみますと、顕著な違いがあります。長谷部10：1、白髪部9：4、福草部5：0、石上部5：1、小長谷部5：1、勾部4：1、檜隈部6：0、金刺部3：0、他田部2：0、こういうことでありまして、東の四十九に対して西の八、すなわち、東が圧倒的に多いのであります。とくに六番の長谷部の10：1から目立って差があらわれますね。そこで、一応点線を引いたのでありますます。さて、穴穂部というのは安康天皇の部であります。長谷部というのは雄略天皇の部であります。

安康・雄略は同母兄弟でありますが、この間において大きな差が表われたということは、つまり、この間において大王家の経済的基盤あるいは軍事的基盤が、西から大きく東の方へ重心を移したということでしょう。大王家の政策から言うと、東国重視政策がとられたということになりますけれど、いっぽう、これを東国の側から見ますと、大王家による政治的圧力が一段と強まったということになります。つまり大王家の東国支配がより綿密になった。東国の人にとっては煩わしいことになった、うるさいことになった、有難くないことになった、という表現もできるのであります。

ところで雄略と申しますと、『万葉集』では冒頭の歌が雄略のそれだと伝えられる、あるいは『日本霊異記』でも最初のお話というのは雄略天皇にまつわる話である、というふうに、古代国家では雄略という天皇は、ひとつのエポックをなす天皇だと考えられています。なぜそうなのか。ひとつの理由は、この表にすでに表われています。雄略は、おそらく、西において大王家の権力が他の豪族に押されて頭打ちになった時――と申しますのは、五世紀に入って大王家では一族の間で天皇の位をめぐって殺し合いが続発した。諸豪族がこれに絡んで争いを拡大した。こういうことで大王家は大いに混乱したわけでありますが、この混乱が大王家の西国における地盤を揺るがせることになった――かなり強引な方法で一族を粛清して、大王の地位を安定させようとしたわけです。事実、彼の生存中は一応成功したように見えます。彼はその余勢を駆って、大王家の経済基盤を従来の西から東に移すことによって、諸豪族に対して一段と優越的な立場を確立しようとしたのではないか。稲荷山古墳の鉄剣の銘に、「獲加多支鹵大王」がでてくるということは、雄略が東国に力を持ち始めたということを象徴するように思われるのでありまして、また、この分布表（表3）から見られる特徴とを合わせ考えますと、大変興味深いところであります。

雄略天皇というのは、八世紀いわゆる万葉時代の大王家、天皇家からみますと、どういう存在であったか。まず第一にですね、当時の天皇家は、直系で遡れるもっとも古い天皇は、継体天皇なんです。継体天皇のおとうさんというのは、名前は一応は伝えられているけれども、どういう経歴の人か定かではない。つまり継体天皇の父系、というものは、嘘か本当かわからんというわけで多くの研究者によって疑われているのです。おそらく、八世紀当時の人びとも自信はなかったでしょう。ところが、女系を見ますと、継体天皇と、その子安閑・宣化と、この三天皇はいずれも仁賢天皇の皇女を娶っています。そして、継体と手白香皇女《たしらかのひめみこ》との間に生まれた欽明天皇は、宣化と橘皇女の間に生まれた石姫と結婚した。そしてその子敏達天皇の子孫が今日の天皇家の先祖、奈良時代の天皇家の先祖になっているのです。つまり、男系で遡ると継体までで、後はあやふやなのです。ところが、女系で遡ると、欽明のおかあさん、欽明皇后のおかあさんを通して、いずれも仁賢天皇に至る。ところで、その仁賢天皇の皇后は雄略の皇女です。仁賢のおとうさんというのは、天皇にならず終いの市辺押磐皇子《いちのへのおしわのみこ》なのです。ですから、仁賢の父系を辿らないで、仁賢の皇后春日大娘皇后、そちらの方を辿ると雄略に行きつくのであります。私は奈良時代に雄略天皇が重んじられたひとつの理由は、当時の天皇家が女系をもって遡り得る限りで、確実な天皇、この初代が雄略であるからだというふうに考えているわけです。

話はくどくなりますけれど、なぜ、雄略のおとうさんの允恭天皇ではいけないのか。允恭天皇は葛城氏の娘が産んだ天皇ですが、雄略天皇は、応神の皇孫に当る皇后忍坂大中姫の産んだ子供なのです。つまり、臣下の娘の産んだ允恭天皇まで遡る必要を認めなかったのではないか。これが、雄略を以て、エポックと考えた大きな理由だろうというふうに思っているのであります。ともあれ奈良時代に、『万葉集』だけでなく『日本霊異記』もそうで、その他いくつかの徴証がありますが、雄略は際立った存在として持て囃されているのでありますが先刻みたところからすれば、この、大王家の経済政策の転換という点からも、雄略は画期的な天皇であるということが言える。単に文学の世界のみならず、経済の世界でも雄略はエポックメーキングな大王であった、と結論したいと思います。

2　大王家の経済的・軍事的基盤

このように、雄略朝以降、東国が重視され、大王家が東国に積極的に進出することになりましたから、後のちまで大王家は、東国を経済的にも軍事的にも頼りとしたわけであります。時代はやや降りますけれども、聖徳太子の息子に山背大兄王《やましろのおおえのみこ》という人がいました。この人は、蘇我氏に阻まれてなかなか天皇になれない。そこで蘇我氏に対して反感を持つ、怨みを抱く。ところが蘇我入鹿は逆に、山背大兄はいちいちうるさい、あれは排除してしまえというので、ご承知のように、皇極天皇二年十一月、人を遣わして斑鳩宮《いかるがのみや》を急襲させた。山背大兄王は妻子を連れて斑鳩宮を逃げ出しますが、宮はやがて焼かれてしまう。山背は生駒山に隠れたのですが、その姿を人に見られてしまった。そこで、もはや逃げられないと覚悟を決め、斑鳩寺法隆寺に入って、妻妾子弟とともに首を縊《くく》って死んだというのであります。実は、斑鳩宮から一旦逃げ出した時に家来が勧めた――これから深草《ふかくさ》の屯倉《みやけ》（深草というのは京都山科ですが）まで逃げて、そこから馬に乗って東国へ行きなさい。そして、東国で乳部《みぶ》（壬生）の民を催して帰ってきて戦ったならば、かならず勝てるでしょう――こう言ったんです。

乳部の民というのは、上宮王家（聖徳太子の家）が持っていたところの部なんです。名代子代とは違うんですが、それに類するものであります。栃木県には壬生という地名が、いまでもありますように、東国には壬生の民がいたようであります。つまり、東国の配下の民を頼りとし、そこで軍隊を編成して、蘇我氏と戦えば勝てると言った。山背はこの進言を容れず死を選んだということになっておりますが、それはともあれ、東国が大王家（上宮王家を含む）にとって、経済的だけではなくて軍事的にも、たいへん頼りになる所であったということが窺われるのであります。では山背はなぜ家来の勧めを断ったのか。『日本書紀』には、戦いに勝つのも丈夫《ますらお》であるが、身を捨てて多くの人を救うのも丈夫であろう――つまり、戦争を起せば多くの人びとが死ぬ。私が起こさなければ人は死なない。

だから人の命を救うために私は自らの命を犠牲にするんだ——と、カッコイイことを言ったわけでありますが、私の見るところは違う。

それは、蘇我入鹿が遣わした攻撃軍のなかに倭馬飼首《やまとのうまかいのおびと》という名前が出てくるのがヒントであります。馬飼首、つまり馬飼の長であります。すなわち、入鹿の遣わした軍隊のなかには騎馬軍団がいたというわけであります。ところで、山背大兄は逃げ出す時にですね、馬の骨を斑鳩宮に放置した。斑鳩宮は焼けました。骨が出てきたからたぶん死んだろうと敵は錯覚した、とこういうのでありますが、この話からわかるようにですね、馬は犠牲にしてしまって持っていない。そうしますと、深草の屯倉までは、だいたい四十キロくらいあるのですが、妻子を連れて歩いて行かなければならない。しかし、もし彼等一行が北へ向って逃げているという情報が入ったら、いま申しました倭馬飼首という騎馬軍団は、ただちに出動して山背一家を捕捉殲滅《ほそくせんめつ》するに違いない。つまり絶対に逃げおおせることのできない状況下にあった、だから諦めて死んだのだと思います。ところが、『日本書紀』はそうは書かない。聖徳太子の子供ですから、立派なことを言って死んだ、とこういうことになっているわけで、私はあれはたぶん事実ではあるまい、仮に事実であったとしても、それは絶望したからそう言ったに過ぎない、このように思うのです。意地悪な見方のようですけれども、山背大兄というのは決して聖人君子ではない。天皇になりたくてガタガタしている人物でありまして、そんな立派なことを最初から言うはずはないと私は見ています——これは私の人柄が、意地悪だからかも知れません。

さて、このお話からもおわかりいただけるように東国、東《あずま》という地域は、大王家にとって軍事的にも大事だということです。ですから、たとえば奈良時代、律令が制定され天皇親衛軍というのがちゃんと法律で決まっている。衛門府・左右衛士府・左右兵衛府という五衛府がそれです。ところが、これとは別に、代々の天皇が東舎人《あずまのとねり》というものを置いている。これは、代々の天皇ごとに新設されますから連続してはいません。聖武天皇についている東舎人、孝謙女帝についている東舎人、これは名前は同じでも違うわけです、しかし、伝統的に、天皇自身の近衛師団（五衛府）があっても、自分の親衛隊として東舎人は、かならずその都度置かれている。東《あずま》が大王家にとって如何に当てになる存在であったかということがわかりますが、実はそれだけはない。蘇我氏もそうなのです。

蘇我氏は、蘇我入鹿が山背を殺して評判が悪い。いつやられるかわからないというので入鹿は、出入りには五十人のボディガードを常に伴ったと『日本書紀』に書いてありますが、その彼の従者を、東方《あずま》の儐従者《しとべ》と呼んだとあります。東の尻取部《しりとりべ》というわけで、東国から出て来たお付きの者という意味なんですね。つまり、大王家だけでなくて蘇我氏のような豪族も、東国の人を当てにすることが、はなはだ厚かったということであります。なお、もうひとつ付け加えますと、この東国進出がもっとも早く、配下の民の分布のもっとも濃密なのが大王家なのです。いま、そこ（表2）に示したのがその一例であります。これで東半分を見ていただくと、東国において、もっとも進出の早く——早くというのは、たとえば、表2の雀部というのは仁徳天皇の部ですから、五世紀の前半でしょう。この表の終わりの方の他田舎人部、これは敏達天皇の部ですから六世紀の半ばごろということですね――早くかつ、長期にわたり、かつ濃密に勢力を伸ばしているわけです。つまり東国を利用することは、大王家がもっとも大きかったといえます。では、五世紀に大王家と争い、雄略天皇から伐たれたという円大臣《つぶらのおおおみ》の葛城氏はどうかと申しますと、東国には葛城氏の進出した痕跡は、まず殆どありません。千葉に葛城町というのがありますけど、あれは昭和になってつくった名前で、古代史とは全然関係ないようであります。

では、その次に大臣となった平群氏はどうか。平群氏は真鳥《まとり》が大伴金村《おおとものかなむら》に伐たれて、すぐに大臣の地位を滑り落ちた豪族なのです。しかし、たとえば、安房国平群郡、あるいは平群壬生朝臣某というふうに東国では地名にも人名にも平群がありますから、多少、東国に進出した様子が窺われます。

さて、その次に大臣になった蘇我氏はどうかというと、蘇我氏はたくさんある。たとえば千葉の先に蘇我というＪＲの駅名がありますね。あの駅の近くには『延喜式神名帳』に見える蘇我比咩《そがひめ》神社があるる。その他、古代の資料では、蘇我部の民が千葉県などには、とくに多く見られます。大臣つまり大和政権における総理大臣の地位にあるこれらの豪族の東国進出の状況をみますと、五世紀に栄えた葛城氏は全然出ていないが、すでにみたように五世紀、天皇家は出ている。大王家は出ているのに他氏はまだ出ていないのです。五世紀末、六世紀初頭には平群氏は若干出てきている。その後をうけて、六世紀から急速に勢力をもたげた蘇我氏は、後半に至って関東に地盤を築いた。こう見ますと、東国を早くから良く利用したのは大王家で、他の有力豪族はこれよりもかなり劣るといわなければならないのであります。

ところで、大伴とか物部とかそういう連中はどうか。――ご承知のように、大和朝廷においては豪族の性質に二通りある。系統でいいますと、皇別と神別ということになっていますが、皇別と称する氏は地名プラス臣《おみ》であります。そして天皇家から別れたというのは伝承に過ぎず、事実は、その土地を地盤とする豪族なのです。神別というのは、大和政権におけるその職掌を名とし、連姓《むらじ》を名乗るものであります。これは、もともと大王家の家臣でありまして、大王家の家政機関の役人であったわけです。大王家の家政機関は、大王が大和政権の盟主となりますと、そのまま大和政権の政治機構そのものに成長するわけです。ちょうど、徳川家康の家政機関が幕府という全国支配の組織に成長したのと同じであります。ですから、それになぞらえて言えば皇別の臣姓氏族というのは、実はかつては大王家と肩を並べる外様大名で、神別の連姓豪族は将軍の下にある譜代大名と同じです。ちょうど将軍家が諸大名より一頭地抜きん出ますと、将軍家の家来たちが外様大名と肩をならべる、あの譜代大名にも比せられるものが連姓氏族であります。ただ違いは、江戸時代ですと外様は幕府の政治に与れないが、臣姓豪族は大和政権において政治に参画したという違いがあります。比喩はかならず誤謬を含むわけで、違いもあるのでありますが、古代と江戸時代は、このような点でかなり良く似ています。この臣姓豪族の有力なるものが選ばれて、あるいは自らのし上がって、大和政権のリーダーとなる。

これを大臣《おおおみ》という。いっぽう、連姓の代表者が大連《おおむらじ》となる。当初は、この大臣大連が相並んで政治を摂る。天皇はその上に立って、言わばバランスの上に立って、どちらかというと、君臨すれども統治せずというか、そういうことでうまく両者を操っておった。ところが、この大臣大連の均衡は蘇我物部戦争の結果崩れた。大臣だけが残った。今日でも大臣という名前は残っているけど、大連というのはありません。とうとう大連は無くなってしまったからです。それはともかく、そうなると今度は大臣と天皇が正面きってぶつかる可能性が出てきた。事実、蘇我馬子は崇峻《すしゅん》天皇を殺した、というようなことがある。大臣、平群、蘇我氏などが東国に進出したということは、いま申しましたようなことで推測されるわけでありますが――では、この大連をつとめた大伴、物部氏の東国進出はどうか。これはさきほど言ったように、職業を氏の名としております。そして、大伴氏は大伴部あるいは靫部《ゆきべ》を率いた、物部氏は物部を率いた、というわけです。物部氏のように氏の名に部を称しているということは比較的新しいということですね。だいたい、雄略朝のころに、この部の制度が朝鮮の百済に倣って整えられたと言われてもおるわけですが、それはともあれ、この大伴部・物部も東国にいくつも実例が見られますから、こういった連中もやがて、大王家の驥尾《きび》に付して東国に進出するようになったということがわかるのであります。

このようにして、大和政権のリーダーである大王家だけでなくて、大臣大連を筆頭とする諸豪族も積極的に東国に進出していますが、考えてみると、これらの豪族たちも大王家同様、西にまず基盤を作ったわけで、私など物部氏は九州が発祥地であると思っていますが、そういうわけで西の方は早く飽和状態になったようです。もうこれ以上は他を倒さないとどうにもならないという状況になったのでしょう。それにひきかえ東の方はというと、まだこれから開拓の余地がある。したがって、彼等もまた大王家の後にくっついて、やがて東の方に積極的に出て行くようになったのであろうと思われます。すなわち東の方は、大和の支配者階級にとって、このように開拓の余地のある魅力的な土地であったと評することができると思います。

3　東国の範囲

さて、次に、東国あるいは東というのはどの範囲を指すのか考えてみましょう。「アヅマ」という言葉が指すところの範囲は、日本列島を真二つにしてその東の方というようなものでは、かならずしもないわけであります。そこで、歴史的にこの東国の範囲を追求してみますと、たとえば、六七二年壬申の乱の発端となりました、大海人皇子の吉野脱出行において一行が伊賀の名張《なばり》に入った時に、「天皇がアヅマの国へお入りになった、だから人民よ出て来い」と呼びかけた。けれども誰も出て来なかったというようなことが『書紀』に書いてある。名張というのは、伊賀の大和に接するところなんですね。つまり、大和を東に出るともうそこはアヅマ、東国であったということがわかります。つまり、一つには大和の東は全部アヅマであるという考え方があったということが知られます。それから、言うまでもなく、防人歌あるいは東歌などから知られるところの東国は、遠江・信濃以東、つまり静岡・長野以東ということですね。もうひとつは、同じく万葉の時代といいますか、律令時代において、碓氷《うすひ》の山の東あるいは足柄の坂の東、アヅマといった、ということで、いわゆる坂東、これをアヅマといったという説もある。広狭いろいろな使い方がなされているわけですが、どうも時代を追ってだんだんアヅマの境界は、東の方に移動していったように思われるのであります。開拓が進むにつれてアヅマの範囲が移っていく、こういうことが言えるのではないかと思います。

奥州についても、やはり同じようなことが言える。陸奥といいますけどね、陸奥の範囲がどの辺かというのは、実は古い時代にはわからないわけですね。なぜならば、いまの青森県なんて大和の人は誰も行ったことないですから。陸奥というのは、どこまでがそうなのか、その果ては、どこなのかということはわからない。ですから古い時代には、陸奥というのは自分たちの知らないもっと奥があって、ものすごく広いと考えていたようです。それが、だんだんわかってくる、それにつれてだんだん狭く感ずるようになるんですね。ついに津軽まで進出した時には、もうここまでかということで、陸奥のだいたいの広さを摑むことができるようになった。東についても同様です。まだ開拓が進まないうちは、未知の天地として広く想像する。しかし、開拓が進むと、進出した所はアヅマではなくなる。つまり境界が東へ移動するという傾向がありますね。

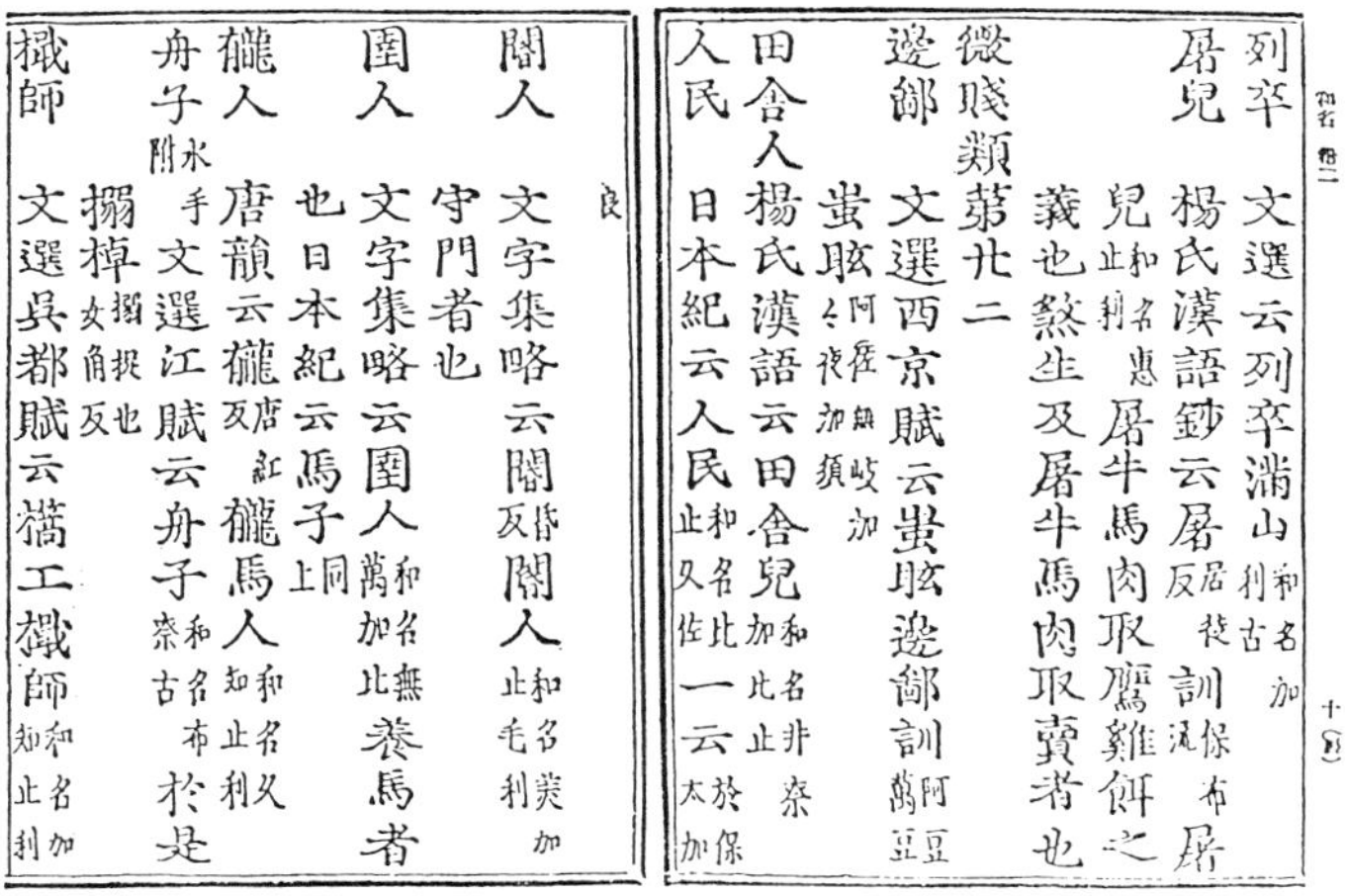
列卒　文選云列卒満山（和名加利古）
屠児　楊氏漢語鈔云屠（居徒反）訓（保布流）屠児（和名恵止利）屠牛馬肉取鷹雞餌之義也煞生及屠牛馬肉取売者也
微賤類第廿二
邊鄙　文選西京賦云蚩眩邊鄙訓（阿豆萬豆）
蚩眩（阿佐無岐加々夜加須）
田舎人　楊氏漢語云田舎児（和名非奈加比止）
人民　日本紀云人民（和名比止久佐）一云（於保太加）
閽人　文字集略云閽（昏反）閽人（和名美加止毛利）守門者也
圉人　文字集略云圉人（和名無萬加比）養馬者也日本紀云馬子（同上）
櫳人　唐韻云櫳（唐紅反）櫳馬人（和名久知止利）
舟子（附水手）　文選江賦云舟子（和名布奈古）於是搦棹（搦捉也女角反）
織師　文選呉都賦云槁工織師（和名加知止利）

4　『倭名類聚抄』微賤類第二十二の部分

さて、この東国は東の方にある国であります。大和から見て東が東国であるということは、まあ良いとしても、では東国をなぜアヅマと呼んだのか、これについていろいろな説があることはご承知のとおりであります。たとえば『古事記』『日本書紀』などには日本武尊の「吾妻はや」という話がある。しかし、あれが当てにならないことは、どなたもご存知だと思います。そこで、図の4をごらん下さい。

これは源順《みなもとのしたごう》の『倭名類聚抄』の引用です。『倭名抄』には十巻本と二十巻本とあって、こちらは二十巻本であります。どちらが古いか、その古さにも問題がありますが、これは元和の版本で、最もポピュラーなものであります。

この巻の二の微賤類、すなわち賤しき者の名前を集めた部類に「辺鄙《へんぴ》」という名称があります。「田舎人」「人民」、さらにその後には、「舟子」だとか、

「朧人《くちとり》」(=馬の口取り)とかいろいろな名称が出てまいります。要するに、身分賤しき人の名称が並んでいる。その最初が「辺鄙」なんです。辺鄙といえば、われわれは普通辺鄙な所というふうに考えますね。ところが、ここでは人を指しておるのであります。説明文に「文選西京賦に云く、蚩眩《しげん》辺鄙」と書いてありますが、これは「辺鄙を蚩眩《しげん》す」と読むのであります。「訓、阿豆萬豆《あづまつ》。蚩眩、阿《あ》佐無岐加々夜加須《さむきかかやかす》」と書いてありますね。つまり、蚩眩の意味は欺き赫《かがや》かすことです。諸橋先生の『大漢和辞典』なぞを見ますと、「馬鹿にして騙す」とか、「侮り眩ます」とか、そんなことがこの語の解釈として載っています。蚩眩は「馬鹿にして騙す」、「侮り眩ます」という動詞であります。で、「辺鄙を侮り眩ます」といった場合、この部分の「辺鄙」が土地であっても意味が通じないことはないけれども、やはり人であった方がわかり易いですね。まあ今日ふうに言えば、「辺鄙の人を騙かす」という方がわかり易いわけです。ところで、その訓でありますが、「阿豆萬豆」と書いてありますね。ところがこれが十巻本の方では「阿豆萬」とだけ出てくるのです。どうも、「辺鄙」には土地を表わす意味と人を表わす意味と二つある。そこで、十巻本と二十巻本に訓みの違いがあるのではないかとも思われます。すなわち、辺鄙は阿豆萬で、辺鄙のところに住んでいる田舎者、これは阿豆萬豆。こういうふうな違いがあるのではないかと思われます。したがって、ここでの訓は阿豆萬豆の方がよろしい。なぜならば、阿豆萬豆というのは阿豆萬人、東人のことであります。これは、アヅマツ以外にアヅマウトというような訓が『伊呂波字類抄』などにもありますので、そこから推測いたしまして、アヅマヒトとかアヅマツというのは辺鄙な所に住んでいる田舎者という意味でしょう。少くともここは微賤類に収められているわけですから、辺鄙というのは人を表わす、これは間違いないですね。十巻本の阿豆萬は辺鄙な土地という意味の訓であって、微賤類の訓としては当らない、こう考えておきたいと思います。

つまり、アヅマというのは辺鄙な土地、アヅマツというのは辺鄙な土地の人、こういう意味なのであります。そうすると日本列島では弥生時代以来、西の方が早く開け、東の方が遅れているんですから、西から見た場合、東はまさにアヅマであります。大和にできた統一政権は大王家を筆頭に、やがて積極的に東の方に進出を始めたわけです。彼等にとって、この東国は辺鄙な土地つまりアヅマであり、その辺鄙な土地アヅマにはアヅマヒト、アヅマツが住んでいる。この土地を自分たちのものにし、この人びとを自分たちに従えれば、そのメリットは大変大きいと考える。事実、蘇我氏が東方《あずま》の儐従《しと》者《べ》を採った、天皇が東舎人《あずまのとねり》を東国から採ったのは、このことをよく表わしているわけであります。

なお、アヅマツ、アヅマヒトが賤しき者の名であるとすると、ここで皆さんは、たとえば奈良時代の将軍の名前に、大野朝臣東人などというのがあるのを想い起こされることと思います。多賀城碑などに出てきますし、上毛野氏の一族なんですが――。あるいは『万葉集』にも「東人の荷《の》前《さき》の箱の荷の緒にも」というふうに、東人が一般名詞としても出てきますが、いずれにしても東人は、もともと微賤、阿豆萬豆、賤しき者のことなのです。では、なぜ将軍になるような偉い貴族が東人などという名前をつけたか。古代人は未開野蛮な人間ほどパワーがあって呪力を身につけていると考えた。これはたとえば、隼人《はやと》のことを考えてみればわかりますね。蝦夷《えみし》もそうでしょう。だからこそ、蘇我馬子は息子に蘇我蝦夷と名づけた。あの蝦夷の勇猛果敢なる性格、あるいは彼等が野蛮なるが故に持っているマジカルパワー、こういうものにあやかりたいというのが命名の動機だと思います。古代人の名前に、いっぽうで東人というのがあるのは、やはり同じような考え方からきているだろうと思われます。中央の貴族たちにとって、あるいは大王にとって、アヅマあるいはアヅマヒトがどういうものであったかは、このようなことから推察することができるのであります。辺鄙なるが故に、中央の人が持ち得ないようなパワーを、彼等は持っていた、あるいは東国という土地は持っていた、ということが言えるだろうと思います。

さて、このような東《あずま》でありますが、だんだん範囲が東の方に移って縮小していったというわけですが、ここで、一口に東《あずま》といいましても、たとえば関東地方だけを、つまり坂東を例に取ってみても、その内において実は歴史的にみて性格に大きな違いがあるのであります。東《あずま》はすべて一色だ、そう考えてはならないように思われます。後世は日本全国を五畿七道という八つのブロックに分けました。東の方は、東海道、東山道、北陸道、こう分けたわけですね。いわゆる坂東＝関東は、東海道と東山道の両方に跨っておるわけであります。そのうち東山道に属するのは、上野、下野そして武蔵の三国です。いまの東京、埼玉そして神奈川の川崎・横浜、これが武蔵でありまして、以上三国が東山道。

神奈川の大部分それから茨城、千葉といったところが東海道に属します。面白いことにだいたい、この違いは両者の歴史的な性格の違いを反映しておるのであります。と申しますのは、上野・下野＝群馬・栃木には比較的早くから有力な古墳が営まれるなど、強大な権力の発生が見られたわけであります。そこには自ら、ひとつの政治圏、文化圏が誕生しております。後世、律令政府が全国を五畿七道に分けた時に、なぜ武蔵をわざわざ東山道につけたか。東山道はもともと群馬県から栃木そして福島県の方へ行くのがメインルートなんですが、群馬県の東の端から武蔵の府中まで支線で下って来まして、用事が終わると、またもとの方へもどって、さらに栃木の方へ行くことになっていました。これは、はなはだ不便であったと思われますが、ともかくそう定められていました。そこで奈良時代の末には、とうとう武蔵は東海道に所属変更ということになるんですが、では奈良時代の末まで、なぜ武蔵を群馬の方つまり東山道の方につけていたかといいますと、武蔵が上毛野＝群馬県を中心とする文化圏に属しておる歴史が永かったということに気がつくのであります。それから、上毛野の豪族が大和の大王と対立したという伝えもあります。

例の武蔵の国造家の争いで、一方は上毛野氏を恃み、他方は天皇を恃んだ。天皇をバックにした方が勝って、武蔵の国造の地位を獲得したという話がありますが、このように武蔵の国造家の分裂は、上毛野と大王との対立の代理戦争の性格を持っていたのでありますから上毛野はかなり勢力が大きかったということがわかりますが、この上毛野の勢力が武蔵南部まで及んでおったのであります。それは考古学でいうと多摩川のほとり、野毛の大塚山古墳が好い例です。ここの副葬品のなかから出てきた滑石製のさまざまな道具類。つまり滑石製模造品は群馬県藤岡市の白石稲荷山古墳というところから出てきたそれとまったく同じ手のものです。滑石で作られた祭祀道具類は、きわめて特徴的な物でありまして、上野から持って来たものと言わざるを得ないほど、良く似ております。それから考古学以外でもこれを証明することができるのであります。

たとえば、皆さんは、多摩川のほとりに瀬田という地名があるのをご存知かと思いますが、そのセタという地名は、群馬県にもあるんです。前橋の近く、上野国勢多郡。前橋には勢多農林という学校まであります。これは同じ地名です。それから小野という両者に共通の地名があるんです。武蔵国では多摩郡に小野郷があります。この小野なる地名は、群馬県には古代においては三つもあるんです。一つは上野国甘楽郡小野郷、私の郷里に近い所です。他に緑野郡小野郷、群馬郡小野郷。それから、武蔵国多摩郡には、新田郷（＝ニイタ郷、新田義貞の新田）があったのですが、上野国には新田郡新田郷があったことはご承知の通りです。また武蔵国多摩郡には川口郷というのがありましたが、下野国には芳賀郡川口郷があった。多摩郡小楊《おやぎ》郷、小さな楊と書きます小楊郷、これに対応するのは上野国群馬郡八木郷（いま高崎市郊外に大八木町、小八木町がある）です。多摩郡には賀茂郷というのがあります。群馬県では、上野国山田郡に賀茂神社があります。武蔵の橘樹郡（いまの川崎でありますが）に高田郷というところがあった。これに対して上野国には下佐野郷高田里という所がある。群馬県の地名と多摩郡のあたりの地名というのは、古代においては、たいへん良く一致するんです。まあ群馬県だけじゃない、いま申しましたように栃木県もありますが、両県あわせて毛野国でもとは一国でありま す。さらに、武蔵国が毛野国と関係が深いであろうことは、奈良という地名が群馬県・栃木県から、鶴見・横浜まで点々と続いていることからも推定されます。埼玉県の熊谷市の近く武蔵国幡羅郡に延喜式内奈良神社があり、いまでも奈良という地名はあります。南に下って大宮市奈良町、それから、横浜市緑区奈良町というふうになる。この奈良は古代に下毛野君奈良という人がいたのですが、熊谷在の奈良は、この奈良君が開拓した所だという言い伝えがあり、奈良神社は彼を祭ったといっているくらいです。このように地名でも毛野国と武蔵南部はつながっているんです。このようにみますと、関東は毛野文化圏とそれ以外のところに分かれます。それ以外というのは相模・房総・常陸です。こちら、たとえば古墳が大和のそれと大変よく似ております。大和の影響を著しく受けているのです。群馬県の方はといいますと、図5にあげたように、鈴つきの銅の鏡が分布している。これは全国各地で少しずつは出ますが、この栃木・群馬および武蔵において特徴的なものです。●印がしてあるのがそれであります。そうすると、東国と申しましても毛野文化圏と、大和の影響を受けた文化圏とが古代にはあったということになりまして、東国を一口にアヅマとしてくってもいけないのではないかと思います。この点から考えると、東歌とか防人歌などもあるいは、その方言を国によって、あるいは文化圏によって区別ができるのではないかと思います。そういう研究をなさっている方もいらっし

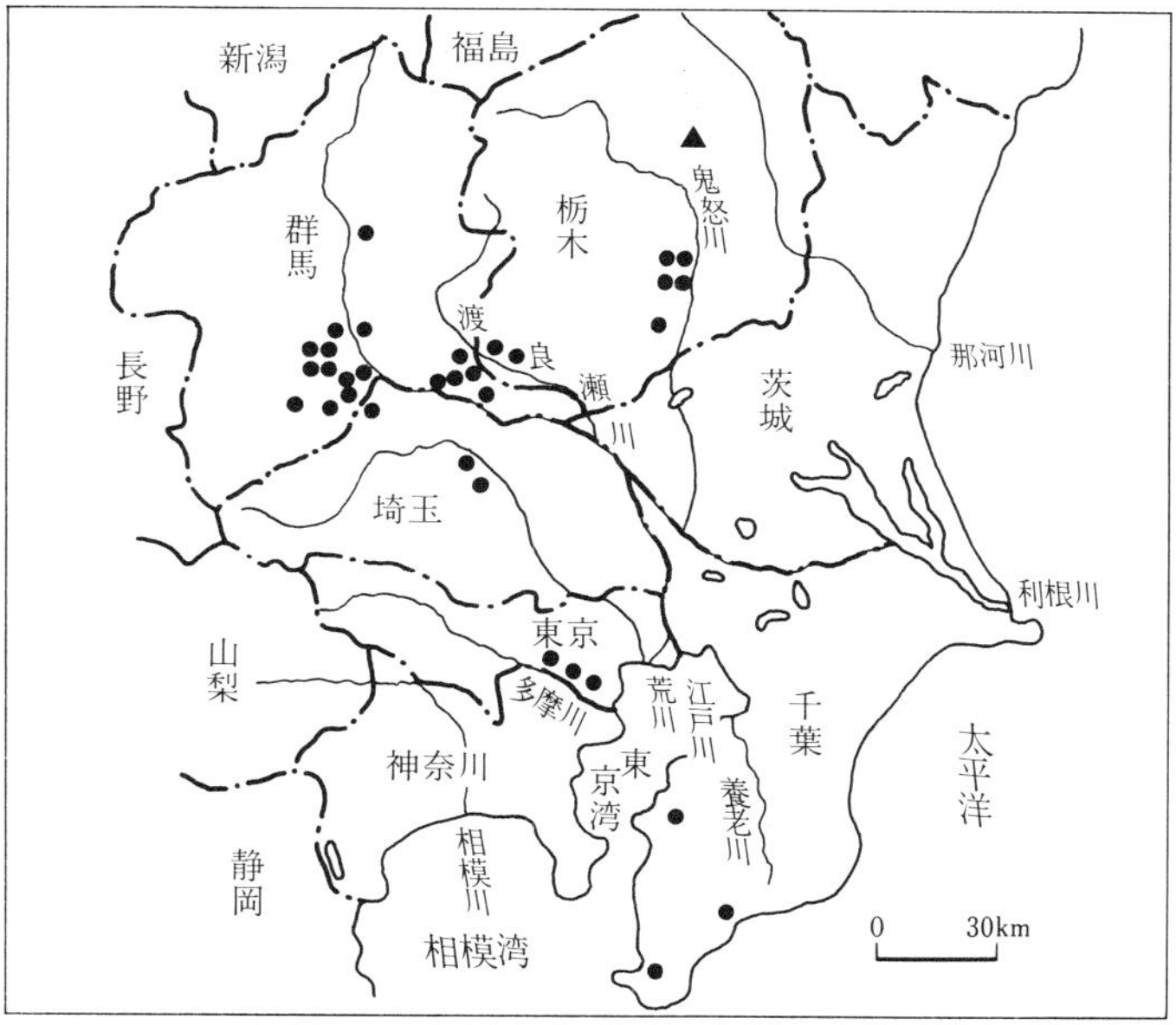

5　鈴鏡の分布図（『栃木県史研究』23より）

ゃるようですが、歴史の方からもそれは言えるだろうと思います。

いずれにしても、未開拓の土地であり、大和の政権担当者、大和の支配階級からは、その意味で、たいへん魅力ある土地だと認識されたのがアヅマである。しかしながら、そう認識されたのは東の人びとにとって、かならずしも幸福でなかったかもしれない。たとえば、白村江の敗戦後、今までの西日本の負担を軽減する、あるいは負担の均衡を図るために、防人は東国からとれ、なんていうんで以後は東からとられることになったんですね。だから奈良時代の東国は貧乏くじを引いた。白村江の敗戦以前は、そんなことはなかった。支配者としては、西と東のバランスをとった、負担の公平を図ったつもりなのでありますが、奈良時代の東の人びとにとってはこれも不運であったということになります。あまりよくまとまりませんでしたが、時間が参りましたので、このへんで終えさせていただきます。どうも失礼いたしました。

（原題「東国とは何か」『万葉の東国』一九九〇年、笠間書院）

二　掃守と掃守氏の実像

1　掃守は神守

「掃守（掃部）」を「カニモリ」と訓むことについては、周知のように『古語拾遺』に次のような説明説話が見える。[1]

天祖彦火尊《あまつおやひこほのみこと》、海 神《わたつみのかみ》の女 豊玉姫命《みむすめとよたまひめのみこと》に娉《みあひ》まして、彦瀲 尊《ひこなぎさ》を生《あれ》ます。誕育《ひだし》まつるの日、海浜《うみべ》に室《みや》を立つ。時に掃守連《かにもりのむらじ》の遠祖 天忍人命《とほつおやあめのおしひとのみこと》、供奉《つかへまつ》り陪侍《はべり》き。箒《ははき》を作り、蟹《かに》を掃《はら》ふ。仍《よ》りて鋪設を掌《つかさど》る。遂に以て職と為す。号《なづ》けて蟹守《かにもり》と曰ふ。〈今《いま》の俗《ひと（よ）》 之を借守《カンモリ》と謂《い》ふは、彼の詞《ことば》の 転《うつれるもの》 なり。〉

これによれば、掃守連氏の氏名「掃守」は、元来「蟹守（カニモリ）」と訓んだのであるが、「今の俗《ひと（よ）》」（『拾遺』の成立は大同二＝八〇七年）が、これを「〇〇」と謂うのは「彼の詞《ことば》」（「蟹守」）の転《うつれるもの》（子音・母音のいずれかが脱落するか、別の音に変るかして、以前の語形が別の語形となること）[2]であるという。いま『群書類従』所収の『拾遺』を見ると「〇〇」は「掃守」とある。これでは「今の俗、掃守《かにもり》と謂ふは彼の詞（蟹守）の転なり」と言うことになって、注として意味を成さない。そのところを天理図

表4　「○守」一覧

ア	カ	サ	タ	ナ	ハ	マ	ヤ	ラ	ワ
県 葦(足)	加・門 掃・軽 川(河)	埼(前)	田・鷹 橘・玉		墓・橋 原	真 前	宅・山		度
イ	キ	シ	チ	ニ	ヒ	ミ	イ	リ	ヰ
家・池 石(磯) 伊勢 稲	公	島(志麻)	道		薭・人 夷	水・陵 道・蓑 宮			井
ウ	ク	ス	ツ	ヌ	フ	ム	ユ	ル	ウ
鸕鷀	国 倉	巣	津 綱		船	紫	温・湯		
エ	ケ	セ	テ	ネ	ヘ	メ	エ	レ	ヱ
江		関		根					
オ	コ	ソ	ト	ノ	ホ	モ	ヨ	ロ	ヲ
沖(奥) 弟(乙)		薗	時・殿 鳥	野					岡

書館所蔵嘉禄本『古語拾遺[3]』は「借守《カンモリ》」とする。これによれば、注は「今の俗、借守《カンモリ》と謂ふは彼の詞(蟹守《カニモリ》)の転《うつれるもの》なり」ということになって理解し易い。すなわち kani の i が脱落して kani-mori が、kan-mori となったというのである。

これによれば、『拾遺』成立のころ、掃守は「カンモリ」と訓まれたことが知られる。

では、掃守の訓は『拾遺』の言う通り、元来「蟹守(カニモリ)」なのであろうか。「○守」という語は、「崎守」「関守」「道守」「時守」「殿守」「橋守」「夷守」「山守」などその例は多いが、いずれも「○」を守ること、またその人を指す語である。「橋守」を漢語風に記せば「守レ橋者」(天武元年五月紀）であり、「時守」のそれは「守《しゅ》レ辰丁《しんてい》」（職員令）となる。

しかし、『拾遺』によれば、天忍人命は海浜に立てた室《みや》を蟹の侵入から守ったのであるから、「室《みや》守《もり》」と呼ばれるべきである。「蟹守」では蟹を守ること、またはその人を指すから、蟹を掃ったという説話とは矛盾することになり、この説話は、にわかに信用できない。これは掃守が「カニモリ」と訓まれている事実と「カニ」に引かれて構想された説話に過ぎまい。「カニモリ」が、掃守の元来の訓であるか否かは頗る疑わしいとしなければならない。ここで参考のため「○守」の語を管見の及ぶ限り蒐《あつ》めて右に表示して置く（表4。貞守の如く抽象的なものは省いた）。

右の表のなかには、たとえば、「津守」のように、元来職名であったものが、氏名となり（津守連・宿禰氏）、また地名ともなった（摂津国西成郡津守郷ほか）ような例もあり、県守・葦守のように意味不明ながら、人名・地名もあり、用法は決して一様ではないことに注意しておきたい。県守は原始的官職名（県主・稲置のごとく）、葦（足）守は地形地名かと思われる。

『拾遺』によれば、「カニモリ」から「カンモリ」に変化したというが、ここで参照されるべきは『華厳経音義私記』（奈良朝末）に「綺、加尼波多」とあり[4]、『和名抄十二』（十世紀中期）に「綺、加無波多」とある[5]ことである。これらによれば、綺は「カニハタ」から「カムハタ」に変化したことが知られる。「掃守」についても『和名抄五』に「掃部寮〈加牟毛里乃豆加佐〉」とある[6]から、「カニモリ」から「カムモリ」に変化したようである。綺と掃守はいずれも「カニ」から「カム」に変化した点は共通であるように見える。

では、両者の「カニ」は同語であろうか。綺（カニハタ）の語源は、斜行する蟹の機《はた》、蟹綰《かにはた》であろ(7)うという。『和名抄六』山城国相楽郡蟹幡郷の訓注に「加無波多」とあるが(8)、「蟹幡」は文字に則して訓めば「カニハタ」である。もと「カニハタ」が後に「カムハタ」となったもので、綺の変化と軌を一にする。「カニハタ」の「カニ」は、まさに蟹であるが、先述のように「掃守」が「蟹守」であり得ない以上、「カニモリ」の「カニ」は蟹とは、まったく無関係である。綺の「カニ」は蟹に由来するが、掃守の「カニ」は蟹とは関係が無く、両者は、まったく別の語なのである。

では掃守の「カニ」とは、いったい何であろうか。ここで想起されるべきは『出雲国風土記』出雲郡の条に見える「加毛利社」である(9)。和泉国和泉郡掃守郷が中世、加守郷・加守庄となった(10)ことを参照すると、「加毛利社」は、もと「掃守社」であったと思われる。さて、古代において「日野」が「賓能(11)」「比无乃(12)」また「海部」が「安末无倍(13)」「安萬無倍(14)」と呼ばれたように、「加毛利」も「加无毛利」と呼ばれた可能性があろう。さらにkan-moriが、kani-moriとなることもあったであろう。「掃守」は、もともと「カムモリ」であり、それが転訛して「カニモリ」「カモリ」となり、さらに後世は「カモン」となったのではあるまいか。出雲の「加毛利社」が、出雲郡神守村《かむもり》（現島根県簸川郡斐川町神氷《かんぴ》）に鎮座するという（岸崎佐久次『出雲風土記鈔(15)』）のも右の推測を裏書きするであろう。

正倉院文書（天平宝字五年）の「中臣毛人等百七人歴名(16)」に、掃守浄足の掃守を消して加茂と傍書してある。掃守と加茂は字が似ておらず、「カモリ」と「カモ」と発音が近似するところから誤記されたものであろう、掃守が「カモリ」または「カムモリ」と発音された傍証となるであろう。

このように推考して、「掃守（カニモリ）」の原義は、「カムモリ（神守）」であろうとの結論に到達したのである。

2　神守と神主

では、神守とは何か。先述の如く「○守」の語は「○」を守ること、またはその人を表わす。神を守るとは具体的に言えば何か。「子守」が「乳幼児の世話をする。面倒を見る人」であることを参考すれば、神守とは神祇祭祀に当り、その設営をすること、またはその人を指すのではあるまいか。大蔵省掃部司の長官、正《かみ》の職掌は、
薦《こも》、席《むしろ》、牀《とこ》、簀《すのこ》、苫《とま》、及び鋪設《ふせち》、洒掃《さいさう》のこと、蒲《かま》、藺《ゐ》、葦《あし》、簾《すだれ》などの事を掌る。（職員令）
であり、宮内省内掃部司の正《かみ》のそれは、
供御《くご》の牀《とこ》、狭畳《たたみ》、席《むしろ》、薦《こも》、簀《すのこ》、簾《すだれ》、苫《とま》、鋪設《ふせち》のこと、及び蒲《かま》、藺《ゐ》、葦《あし》などの事を掌る。（同右）
である。前者は「朝廷諸行事の設営を担当」し、後者は「宮中諸行事の設営を担当」するから、その職掌は近似する。両者に共通するのは薦・席・牀・簀・苫・鋪設・蒲・藺・葦・簾である。

薦は菰、蔣とも記す。『和名抄十四』に「薦〈和名古毛〉席なり」とある。イネ科のコモで織った敷物。席より粗い。『延喜式』四時祭下には御巫奉斎神祭・御門巫奉斎神祭・生嶋巫奉斎神祭などの料物として見える。

席は蓆で莚・筵とも。『和名抄十四』に「筵〈和名無之路〉席なり。……席〈訓同上〉薦席なり」と見える。席は「四時祭式下」に薦と同様、御巫奉斎神祭の料物として見える。

牀は『説文』に、「身を安んじるの几坐なり」とある。[17]「こしかけ」「ねだい」のことである。牀も「臨時祭式」の御巫等遷替供神装束のなかに、また「太神宮式」の造備雑物のなかに床として見える。なお僧尼令17の「床席《ゆかむしろ》」は、神事とは関係がない。[18]

次に、簀は『和名抄十』に「簀〈板敷附。……功程式。板敷簀子。須乃古〉床上に藉《し》く竹名なり」とある。これも「斎宮式」の造備雑物のなかに簀子として見える。

次に苫は『和名抄十二』に「苫〈和名度萬〉菅茅を編《あ》み、以て屋を覆《おほ》ふなり」と見える。これも「臨時祭式」に遣蕃国使時祭の料物のなかに見える。

鋪設は座席などを設けること、設営というほどの普通名詞であるが、「太神宮式」器薪炭条に「祭祀に供する鋪設雑器」が見え、「斎宮式」に「斎宮鋪設」、「斎院式」に「冬料鋪設」が見える。

蒲は「太神宮式」の神宝廿一種のなかに「蒲鞁《かまのゆき》」「蒲一囲《にきり》」が見える。

藺は「四時祭式下」に鎮魂祭の料物として「藺《ゐ》笥《け》」が見える。

葦、簾は「大嘗祭式」の造大嘗宮の条に見え、簾は「斎宮式」年料供物の条に見える。

以上、掃部・内掃部二司の職掌を通観すると神事に関係するものの多いことに気づくのである。朝廷・宮中の諸行事と言えば、神事以外にも一般の公事や仏事などもあろうが、掃部・内掃部二司が設営を担当したのは、主として神事のそれであったのではなかろうか。この二司の担当は内外（宮中と朝廷）と異なるが、ともに鋪設（設営）を担当するので、恒例・臨時の行事に座を設ける際、たがいに譲りあって、ややもすれば支障を来たす、という理由で、弘仁十一年（八二〇）、併合して掃部寮とし、宮内省の被管としたが、[19] その掃部寮の具体的職掌は『延喜式』によって検すると、若干の仏事関係が見えるものの、その大部分は神事に際しての座の設営である。これによっても、掃守の原義が神守であろうとの推測が失当でないことが知られよう。

3　神守と神主と掃守

掃守の原義が神守であるとしても、掃守氏には中臣・忌部氏のように神祇祭祀にかかわる伝承はまったく伝えられていない。これは一見不可解なことである。

令制下の掃部司・内掃部司には伴部（友造）としての「掃部」が配された。掃守氏は「掃部」の負名氏であろうが、この「掃部」は『延喜式掃部寮』奏御卜条に「官人、便《すなわ》ち留《とど》まりて、掃部等《ら》を率い、御帖《みたたみ》を殿の中央に鋪《し》く」、践祚大嘗会条に「酉《とり》の尅《とき》、官人已下掃部已上、卜食人十人、御座等の物を持ち、大嘗宮の北門自《よ》り入る。白端の御帖十一枚、布端の御坂枕一枚を悠紀《ゆき》の正殿中央に鋪く」、元日供奉条に「元日、威儀に供奉する掃部二人、分《わか》れて左右に列《つら》なり、……官人、掃部を率い、豊楽殿に昇り、御座を供す」などと見え、神事に仕えているのである。それなのに、なぜ神守とは記さず、掃守（掃部）としたのであろうか。

『万葉集』巻四―六五二番歌は、

玉主尓　珠者授而　勝且毛　枕与吾者　率二将宿（玉主に、玉は授けて、かつがつも、枕とわれは、いざ二人寝む）（大伴坂上郎女）

というものだが、冒頭の「玉主」を「タマヌシ」と訓むか「タマモリ」とするか、古くから二説があって未だ決着を見ていないようである。(20)

これに準じて考えると、「神主」も「カムヌシ」とも「カムモリ」とも訓まれたであろう。「カニモリ」氏の原義が「カムモリ」氏であるとしても、これを「神守」氏と表記したのでは、「神主」との別が曖昧になる。神主とは神功皇后摂政前紀に、

皇后、吉日を選びて、斎宮に入りて、親《みづか》ら神主と為りたまふ。則ち武内宿禰に命《みことのり》して琴撫《ひ》かしむ。中臣烏賊津使主を喚《め》して審神者《さには》にす。

と見えるように「神を祭る主人役」であり、神祇祭祀に当っての主役である。しかるに「カムモリ」

氏の職掌は『掃部式』からも推測されるように、神事に際して参列者の座席を設けることであった。また、そのためには祭祀の場（壇所《かむにわ》）をあらかじめ清掃したであろう。このために「カムモリ」氏を「神守」とすると「神主」と紛らわしいので、祭場の洒掃・鋪設を主たる職掌とすることを示すために「掃守」と表記したのではあるまいか。飯田季治はその著『古語拾遺新講』のなかで「掃守」について「其の真の名義は、文字通り掃守《かもり》の義（掃《か》は塵や落葉などを掃《か》き清むること＝即ち掃除を云ふ。守は監守の意である。）」と言うが、[21]「掃《か》き」などと訓む根拠は不明で、附会の説と言わざるを得ない。

以上、「掃守」の原義は、「神守」であるが「神守」と表記したのでは、同じく「カムモリ」と訓み得る「神主」と紛らわしいので、それを避けるため、壇所《かむにわ》の洒掃・鋪設を担当することを示す「掃守」の字を用いたものと推考したのである。

4　掃守氏について

次に、「掃守部（掃部）」の伴造氏族である「掃守（掃部）」氏について考察してみよう。

『日本書紀』によると、天武十三年（六八四）十二月、掃部連は宿禰姓を賜っている。これが掃守部（掃部）の総領的伴造氏であり、『新撰姓氏録』によれば、河内を本貫とする（同国高安郡掃守郷）。なお、同書によれば、同じく河内を本貫とするものに掃守連・掃守造の二氏があり、平安左京に掃守連、大和に掃守、和泉に掃守首（連）（和泉郡掃守郷）の諸氏が居住したと伝える。これらの諸氏は、掃守部（掃部）の部分的伴造であろうが、その数はかなり多い。掃守氏・部の分布は、右以外に山背（城）・攝津・近江・美濃・越前・伯耆・出雲の諸国にも認められる。(22)

いったい、このように掃守の伴造氏族・部民が多いということは、それだけ彼等の大和政権下での負担量が大きかったことを示すであろう。祭政一致・未分化の時代には、宮中・朝廷において執り行なわれる神事もそれなりに多く、したがって祭場の洒掃・鋪設を担当する掃守氏・掃守部の負担量は大きく、そのため、伴造氏族も部民も多く設けられたのであろう。部民は薦・席・牀・簀・苫・狭畳の制作、貢納に当り、伴造は部民を率いて洒掃・鋪設を担当したのであろう。また、蒲・藺・葦などの苅り取り、貢納も部民の義務であったと思われる。

掃守の広汎な分布は、かつて宮廷における神事が頻繁であり、それだけ掃守の仕事量が大きかったことの反映であろう。

さて、右にあげた伴造諸氏（掃守・同宿禰・同連・同造・同首）は、『姓氏録』によれば、いずれも「振魂命」（あるいはその「四世孫天忍人命」）を祖とすると伝える。では「振魂命」とは、いかなる神であろうか。この神は『記紀』にはまったく見えないが、『旧事本紀一』の「神代系紀」に見える。(23)

（前略）

七代耦生天神

伊弉諾尊
妹伊弉冉尊
別高皇産靈尊〈独り化《な》りませる天神第六世の神なり〉
児天思兼命〈信濃国に天降りませる阿智祝部等の祖〉
（中略）
次神皇産靈尊
児天御食持命〈紀伊直等の祖〉
（中略）
次津速魂尊
児市千魂尊
児興登魂尊
児天児屋命〈中臣連等の祖〉
次武乳遺命〈添県主等の祖〉
次振魂尊
児前玉命〈掃部連等の祖〉
（後略）

右によれば、諸・冉二尊はペアで一緒に生れた七代目の天神、それとは別に独り化生した第六世の神が高皇産靈尊、次にその御子神があげられ、次に（同じく独り化生した）神皇産靈尊とその御子神が列挙され、ついで高・神二産靈尊とならぶ（独化天神たる）津速魂尊と、三代の裔神があげられる。さらに高・神二産靈・津速魂とならぶ（独化天神として）振魂尊をあげ、その児前玉命が掃部連らの祖と注記しているのである。これによれば「振魂尊」は高皇産靈・神皇産靈と同じく独化の天神である。高・神二尊が、多くの氏々の祖神とされるのに比べて、振魂命は、『姓氏録』によれば掃守諸氏および守部連の祖神と伝え、その後裔氏族の数は少ない。

では、「振魂」はどう訓み、どのような意味なのであろうか。右に引いた「神代系紀」に「興登魂尊児天児屋命」とあるが、これに対応するのが、「神代紀上」の「中臣連遠祖興台産靈児天児屋命」である。二者を比較すれば「興登魂」＝「興台産靈」、すなわち「魂」＝「産靈（ムスヒ）」である。したがって「振魂」は、「フルタマ」ではなく（八木造の祖神布留多摩乃命は海神の児であり、振魂命とは別神）[24]、「フルムスヒ」と訓んだことがわかる。「ムスヒ」に「産靈」の字を充てていることから、万物を生み出す神霊のはたらきを「ムスヒ」と呼んだと思われ、のちには「ムスヒノカミ（ミコト）」という神と考えられるようになった。「ムスヒ」の神が幾種も考えられるようになると、これに「タカミ」「カミ」「ツハヤ」（語義未詳）「コゴト」（同上）のように形容の語を冠して区別した。「フル」もその一種で、「ムスヒ」の働きの盛んなさまを示すものであろう。『記紀』に造化の神として登場する高皇産靈・神皇産靈に対抗して造り出された神であろう。
神祇祭祀を職とする中臣連氏が津速魂の後裔、忌部首氏が高皇産靈の後裔であるとするのに対抗して、同じく神事に携わる掃守氏は振魂命の後裔であると主張したのであろう。

振魂命を祖神と仰ぐ掃守氏の同族に守部連氏がある。「守部」は普通名詞では「番人」と言うほどの意味であり、したがって守部連氏は何を守ることを職とした氏か不詳であるが、振魂命を祖神とする氏は掃守諸氏と守部連しかないようなので、守部連氏もやはり神事に関係した職業部（守部）の伴造氏族ではなかろうか。

守部連氏の旧姓は鍛冶造である（『続日本紀』神亀五年二月癸未条）。『新撰姓氏録』河内神別の条を見ると、同国高安郡掃守郷を本貫とするであろう掃守諸氏（宿禰・連と造氏）に挟まれて守部連氏が掲出されるから、守部連氏も、いずれその近辺に居住する鍛冶部の伴造氏族であったろう。その部民とは『木工寮式』に、「鍛冶戸　左京十九烟　右京五十八烟　大和国一百二烟　山城国十烟　河内国卅六烟」とあるものであろう。では鍛冶造（部）と神事との関係は如何であろうか。「職員令」によれば、木工寮の頭《かみ》の職掌は次の通りである。「木作《もくさ》営構せむこと、及び材採《ざいと》らむ事を掌る」。一口で言えば土木建築を担当する官司で、神事・鍛冶との関係は、まったく窺うことができない。

しかし、「木工寮式」を見ると、伊勢太神宮料（鞍）・新嘗会御卜料（鑿《のみ》・钁《すき》）・神今食料（牀＝掃部寮に充てる）・諸社祭料（幣帛を著る木）などなど神事に供する木・金属製品の製造のことが、すこぶる多い。したがって木工寮に所属する鍛冶戸が神事に供する祭祀具の製造に携わることも多かったと推考される。かくして、旧姓鍛冶造の守部連氏は同族掃守諸氏と同様神事に供する氏族であり、掃守氏同様に（神）守部氏とでも言うべき氏であったが、前言したように、「神守」では「神主」と紛らわしいので、この場合は「守部」とのみ表記して、神祭に当り、祭祀具（金属製品）を調達する職務を示したのである。

以上、「カニモリ」の原義は、「蟹守」ではなく「神守」であること、それを「掃守」としたのは、同じく「カムモリ」と訓み得る「神主」との混同を避けるため（中臣・忌部の側からの圧力もあったか）であろう。同族守部連氏もやはり神事に供する氏で、いわば（神）守部とも称すべき氏であったことなどについて卑見を述べてみた。

注

（1）『群書類従』雑部（続群書類従完成会刊、第二十五輯所収）。
（2）『広辞苑』の「てん（転）」の項。
（3）『天理図書館善本叢書古代史籍集』所収。
（4）『時代別国語大辞典上代編』「かにはた」の項より引用。
（5）『倭名類聚鈔』巻十二、錦綺類。
（6）同右巻五、官名。
（7）『日本古典文学大系日本書紀上』補注6―一三。

（8）註5と同書巻六。
（9）『日本古典文学大系風土記』には「斐川村神氷の神守にある加毛利（宮崎）神社」の頭注がある。
（10）『日本歴史地名大系28大阪府の地名Ⅱ』岸和田市加守郷の項。
（11）『倭名類聚鈔』高山寺本信濃国高井郡日野（郷）の訓注。
（12）同右東急本の訓注。
（13）同右高山寺本越前国坂井郡海部（郷）の訓注。
（14）同右東急本の訓注。
（15）『式内社調査報告第二十巻山陰道3』出雲国出雲郡加毛利神社の項による。
（16）『大日本古文書十五（追加九）』一三〇頁。
（17）諸橋轍次『大漢和辞典』巻七。
（18）僧尼が私事の訴訟のため、また僧綱佐官以上および三綱が衆僧の事・功徳のため官司に参ずるときは床席を設けよとの規定であって神事とは、まったく無関係である。
（19）『令集解』五、職員令内掃部司条所引弘仁十一年正月五日格。
（20）沢瀉久孝『万葉集注釈』巻四など。
（21）飯田季治『古語拾遺新講』（昭和十五年　明文社）一一八頁。
（22）『姓氏家系大辞典』『日本古代人名辞典』『国史大辞典』、佐伯有清『新撰姓氏録の研究』などによる。
（23）鎌田純一『先代旧事本紀の研究』校本の部、八～一一頁。
（24）『新撰姓氏録』右京神別下、八木造の条。

〔附記〕

鈴木靖民「掃守氏と相楽神社」（『古代対外関係史の研究』）は視角が異なるものであるが参照されたい。

（原題「古代史雑考二題――「授刀」と「掃守」――」『学習院大学文学部研究年報』、四一、一九九四年）

Ⅳ　律令政治の運営と官人

一　漢字の習得と政治の運営

1　漢字・漢文を理解した人びと

日本（倭《わ》）のことに触れた最古の中国史書である『漢書地理志《かんじよちりし》』燕地《えんち》の条には、「夫《そ》れ楽浪《らくろう》海中に倭人《わじん》あり。分れて百余国と為《な》る。歳時《さいじ》を以《もっ》て来《きた》り献見《けんけん》すと云ふ」と見える。これは紀元前一世紀のころのことを述べたもので、当時、日本列島に多数成立していた小国家が漢の直轄植民地楽浪郡に通交していたというのである。文中の「歳時を以て」とは「定期的に」ということであり、換言すれば「偶然ではなく、一定の目的をもって」ということである。

では、その「一定の目的」とは何か。それは倭の小国家の王たちが、王権を強化するため楽浪郡から、進んだ中国文化を摂取することであった。楽浪郡との通交がこのようにして行なわれたのなら、倭の使者は国王の派遣するもので、それは当然ながら外交文書を携え、通訳を随伴して渡航したことであろう。ところで、そのさいの外交文書の作成者や通訳がいかなる人びとであったかはわからない。のちの大和朝廷において外交や文書記録のことに携わったのがおおむね中国・朝鮮系の渡来系氏族の人びとであったことを考えると、このときも同様に中国・朝鮮系の人びとではなかったかと想われる。

倭人にとって漢字を習得・理解することは容易ではなかった。そのことは舶載輸入された中国鏡を模して造られた国産の仿製鏡《ぼうせいきょう》で、中国鏡の銘文の漢字が一種の文様として写されていることでもわかる。中国語を通訳し、漢文を作成するなどのことは、古くは渡来系の人びとの専らとするところであったであろう。『宋書夷蛮伝《そうしょいばんでん》』には有名な倭王武《ぶ》の上表文が見える。この堂々たる漢文の作成者も、もとより不明であるが、おそらく中国系の渡来人であるだろう。

では、日本人はどのようにして漢字・漢文に習熟していったか。その具体相はもとより不明であるが、『記紀』の伝えるところによると、応神朝《おうじん》に百済《くだら》から経典を読む人、阿直岐《あちき》が貢進《こうしん》され、さらに阿直岐の推薦で王仁《わに》を召した。この王仁の貢《たてまつ》った『論語《ろんご》』『千字文《せんじもん》』が、わが国に漢籍《かんせき》の伝来した初めであるという。応神天皇の太子菟道稚郎子《うじのわきいらつこ》は阿直岐について学び、のちには高麗《こま》からの国書を読み、その無礼を責めて、それを破棄したという。支配階級のなかには漢字・漢文を解する者が徐々に多くなったことであろう。

応神朝、すなわち五世紀前半の頃は大陸からの渡来のうねりが高まった時期と考えられる。渡来系氏族のなかでも著名な秦《はた》・漢《あや》両氏の祖は、いずれも応神朝に渡来したと伝えており、以後彼らは大和朝廷に仕え、文筆・記録・出納のことを掌《つかさど》ったという。この秦・漢二氏に代表される応神朝の渡来系氏族は、もと楽浪郡に居住した中国系官人の末裔で、四世紀のはじめ楽浪郡が滅亡すると、ここから流出し、朝鮮半島南部をへて、五世紀に日本へ渡って来たものらしい。それゆえ、彼らのもっていた文化は、楽浪郡に栄えた秦漢系の中国文化であった。

『日本書紀』に六世紀半ばの敏達《びだつ》朝のこととして次のような挿話が見える。

当時、来朝した高麗の使《つかい》の上《たてま》つる国書を諸《もろもろ》の史《ふひと》（秦・漢氏など文筆を業とする氏族）に読み解かしめたが、三日たっても読めなかった。そこで渡来して間もない王辰爾《おうじんに》という者に命じたところ、すらすらと読み解いたので、天皇は諸の史らの怠慢を責め、辰爾を賞したという。

これは古い渡来人の子孫である史たちの担う文化は古く、当時、大陸・朝鮮半島で行なわれた新しい文体の漢文を読みこなせなくなっていたことを示すものである。

このように、文筆を業とする氏族でも、新しい情勢には充分対応できなくなっていた。五世紀後半から六世紀にかけて渡来した人びとを総称して新漢人《いまきのあやひと》と呼ぶが、同じ渡来人でも新旧があり、その担う文化にも差があったのであり、日本が七世紀後半から律令《りつりよう》国家の樹立に向うとき、より大きな役割を果たしたのは、この新しい渡来人すなわち新漢人らであった。

大和朝廷による全国支配が進展すると、それにつれて支配機構が拡充整備され、そこに勤務する官人群が供給された。官人たちは当然のことながら識字層であった。彼らがどのようにして漢字を学んだかは一様ではあるまい。ある者は家で父兄に学んだことであろう。ある者は個人的に先生について学んだであろう。たとえば聖徳太子が隋《ずい》へ遣《つかわ》した留学生・学問僧南淵請安《みなぶちのしようあん》や僧旻《みん》について学んだ、蘇我入鹿《そがのいるか》や中臣鎌足《なかとみのかまたり》・中大兄皇子《なかのおおえのおうじ》の例がそれである。大化改新後、とくに壬申《じんしん》の乱以後、律令制中央集権国家建設のテンポが早まると、大量の官人群が必要とされるようになった。

2　識字層の拡がり

それればかりではない。全国を国・郡・里に分け、戸籍・計帳《けいちょう》を作成して、人民支配の基本的帳簿とするようになると、人民の各戸主から、その戸についての申告書（手実《しゅじつ》）を提出させることとした。したがって戸主は、その申告書を作成する能力を求められるわけで、庶民といえども漢字の読み書きができなければならないことになった。

近年発掘された木簡《もっかん》のなかには、内容が書状様の文言で、宛名は庶民というものがある。その年代はおよそ天武《てんむ》朝と推定されるので、その頃には庶民層にも漢字の読み書きのできる識字層が拡がりつつあったことが推定されるようになった。そうはいっても、庶民層にとって漢字を使いこなすことは容易ではなかったと思われる。奈良時代になっても、庶民は署名の代りに画指《かくし》といって、自分の指の関節のところに沿って線を記したりしている。正倉院《しょうそういん》に遺《のこ》る計帳にも各戸を通じて同筆のものがあり、戸ごとに戸主の作成した手実ではなく、あるひとりの人による代筆と思われるのである。

大宝《たいほう》律令の制定・施行にともない、一万人にも及ぶ大量の官人が必要となった。しかし、官人の養成には時間がかかり、すぐには間に合わない。そこで政府は知識階級である僧侶に眼をつけ、これを還俗《げんぞく》させて登用し、急場をしのいだ。そのうえで、中央に大学、地方に国学を設置して官吏養成機関とした。大学では学生は書博士《しょはかせ》に就いて文字を学んだ。律令政治は徹底した文書主義であり、官人たる者には充分なる文書作成能力が求められたから、書は学生の必修課目であった。このような律令政治の実体から識字層がしだいに膨らんでいったことが推測される。

律令政治の運営は、先述したとおり徹底した文書主義によったから、そこで消費される紙の量も厖大なものであった。紙の貴重な当時、少しでも紙の消費を節約するために利用されたのが木簡である。木簡には、一度使ったものも、ナイフで削れば再利用できる利点もある。木簡の内容は伝票など簡単なものが多いが、文献ではわからないことを告げてくれる。

紙でも一度使ったものの紙背《しはい》を利用することができる。当時、各戸主の申告書にもとづいて作られた戸籍は、三十年を経過すると諸官庁に払い下げられた。各官庁ではその紙背を利用して公文書を発給した。今日正倉院に伝わる戸籍や計帳は、諸官庁が紙背を利用して東大寺《とうだいじ》宛に発給《はっきゅう》した公文書の裏面（つまり、本来からいえば表面）なのである。

このようにして諸官庁の下級官人にいたるまで漢字を読み書きできるようになったばかりか、地方の庶民でも識字能力をもつようになり、公文書による徹底した統治が実現され、中央集権の実があがったのであるが、それは人民の側からみれば徹底した統制・支配であった。正倉院に伝わる当時の帳簿はその徹底支配の象徴である。正倉院文書は古代律令政治の様相を具体的に語ってくれる絶好の史料である。

（原題「漢字習得と文書主義の政治運営」『古文書の語る日本史』Ⅰ、一九九〇年、筑摩書房）

二　太安万侶の墓誌と『続日本紀』

1　『続日本紀』の性格

今日は墓誌と『続日本紀』、墓誌といっても、このさいは太安万侶の墓誌というふうに私は理解していますけれども、そのようなお話を少しさせていただこうと思います。安万侶の墓誌が偶然発見されたのは、稲荷山の鉄剣銘が発見されたその興奮も冷めきっていない最中でしたが、またまた古代史上の大発見があったのですから、一般にも非常に大きな関心をよび起したであろうと推察しているのです。われわれ、いわばこれで飯を食っている者としてはなおさらのことです。

本題に入る前に『続日本紀』という歴史書の性格について少しご説明をしておきたいと思います。わが国における第一の正史は『日本書紀』ですが、これは持統天皇が孫にあたる文武天皇に位を譲るところまで、持統天皇十一年（六九七）の八月一日で終っているのですが、『続日本紀』はそれを受けて、文武天皇の即位した元年八月一日から始って、終りは桓武天皇の延暦十年（七九一）、すなわち平安遷都の三年ばかり前になりますが、その年で終っています。したがって、いわゆる奈良時代、すなわち七一〇年の奈良遷都から七八四年の長岡京遷都まで、これは『続日本紀』に全部含まれているのです。したがって『続日本紀』は、奈良時代の正史とお考えいただいて大きな誤りはないのです。

この『続日本紀』はそういうことで、始めと終りはちゃんとわかっていますし、できたのも延暦十六年（七九七）という年であることはわかってますが、実はこれができ上るまでに、たいへん複雑なプロセスを経ておりまして、事業が始ったと思うとまた中断し、円滑に編纂事業が進んだわけではないのです。そういうことですから、せっかく資料を集めて、ある程度整理をしても、事業が中断して、その間にせっかく集めた資料が散逸するとか、あるいは日日の順序がおかしくなるとか、そういった混乱があったようです。

今日見ることのできる『続日本紀』は、前半の部分の編纂者と後半の部分の編纂者が違うのです。前半の二十巻は、菅野朝臣真道という帰化系の人物ですが、後半二十巻は藤原継縄という藤原氏の人です。一つの正史が前後で編纂者、責任者の名前が違っているというのは、他には例がないので、これなども、複雑な編纂過程の一つの表われです。

その編纂の仕事の内容をあれこれ推測しますと、いろいろな資料を集めてきては年月順におそらく切り張りをしたのでしょう。ところが事業が中断しましたから、それが中途半端になったこともあったでしょうし、再開した時には日付をまた間違ったりして、他の所に張りつけたりなんかしたこともあったでしょう。

たとえば、同じ人が同じ位に叙せられた記事が二ヵ所に出てくる。これはどっちかが間違い、あるいは両方間違いかもしれません。そういう混乱があるので、しばしば『続日本紀』は出来が悪いといわれているわけです。たとえば本居宣長の『玉勝間』という本のなかでも、やはりそれをいっています。『続日本紀』の現在伝わっている本はたいへん混乱が多くて困ると、一つ誰かがこれをしっかり校訂して、よい定本を作って欲しいものだというようなことをいっているのです。確かに『続日本紀』を卒然と読むと、相当いいかげんだと思われるところが少なくないわけです。

それからもう一つ。それに関連しますけれども、とくに前半の部分は記事が簡略で疎漏が多いと思われるところがある。たとえば官職に任命された記事（補任の記事）なども、前半の部分は非常に乏しいです。これはたとえば『続日本紀』の索引というのが現在ありますが、それで官職の部を見ると、太安万侶の民部卿、これなどは奈良時代の前半は彼の前には二人位しか出ていません。つまり半世紀でわずか三人しか見えません。それも一人一回限りです。ところがそれ以後の七十年足らずの期間には十人も出てきますし、延べで二十七回も見えます。すべての官職がそうです。だいたい奈良時代前半は落ちがあって、わずかしか出てこない。ですからそういう意味からいうと、前半の部分は、とくにそれは編纂時点からみて一番古い時代ですから、とくに落ちが多いように見うけられます。

太安万侶が亡くなった記事も、養老七年七月の庚午の日ですから、前半部分に入るわけです。逆にいうと落ちの多いなかで残った、洩れなかった記事です。そういうふうにいえるだろうと思います。

『続日本紀』という書物が六国史では編纂にあたって一番トラブルが多くて、すんなりとは出来なかった。それだけに出来栄えも悪い。このことをまず念頭においていただきたいと思います。それから前半と後半は編纂者が違い、とくに前半部は記事も簡略で物足りない点が少なくないということも、一つの特色です。

2　太安万侶の墓誌

ここらで、本題に入りましょう。太安万侶の墓誌は銘文の前段は、次のようになっております。

左京四條四坊従四位下勲五等太朝臣安萬侶以癸亥年七月六日卒之

「卒」は「ソッス」でなく「シュッス」というのが正しい。「卒」というのは四位・五位の人が亡くなった時に使います。三位以上ですと「薨ズ」、六位以下ですと「死ス」と書きます。天皇・皇后ですと「崩ズ」といって、崩・薨・卒・死というのが日本人の死に方です。これは中国でもそうです。

次に後段は、

養老七年十二月十五日乙巳

とあります。この墓誌は大変な反響をよんだのですが、そしてまたその出現自体たいへんな発見であると思いますが、私の率直な感じをいいますと、太安万侶という人は、ほとんどの方がその名前をご存知だということで、これはセンセーショナルな発見ですが、その中味からいうと、私はそれほどショッキングな受けとめ方はしていないのです。

新しくわかったことは、彼の住所がわかった。それから死んだ日が一日『続日本紀』とずれている。多分葬ったであろうと思われる日が十二月十五日である。冷たい言い方をするとそれだけであって、私は埼玉稲荷山の古墳の鉄剣銘が持つあの豊かな問題に比べれば、かなり内容は乏しいように思います。しかし、それは比較の問題であって、勿論これが出てきたことが、われわれに大きな恩恵を与え、問題を提起してくれたことは間違いないのでありますが、当面私としては『続日本紀』との関係、それを主として話をしなければならないと思います。

3　墓誌と『続日本紀』の死亡日の違い

まず最初に七月六日という亡くなった日付、これと『続日本紀』にみえる太安万侶の亡くなった日付、このくい違いの問題について私なりの意見を申し上げて、いろいろご批判をいただきたいと思います。

それに先だって、この日付の違うことの意味を学者達はどういう風に考えているか、これは全部網羅したわけではないので、気がつかないものもあろうかと思いますが、私が気がついたところでは、まず末永雅雄先生が発見当初いわれた、死んだ日と届け出の日とが一日ずれているというご意見があります。しかし、このお考えには、私は納得し難いものを感じます。というのは、遺族が「七月六日に死にました」と、仮にその翌日届けたとして、役所が「あっそうですか、七月七日に死んだんですね」と、帳簿に載せるだろうか。何だかわかったような、わからないような説明ではないだろうかと思うわけです。

おそらくそういう点に少し疑念を持たれたのでしょう。直木孝次郎先生、あるいはその他の方々でもそうですけども、当時は一日というのは日没から数えるのであろうといわれる。たとえば兵庫県警の福永英男刑事部長は、南方熊楠先生などもそういうことをいわれてるから間違いないとされ、太安万侶は七月六日と七日の接点、つまり六日日没直後に亡くなったので、墓を作った人が六日と考え、受けつけた役所が七日と思い違いしたのであろうといわれました。私は実は民俗学のことはよく存じませんので、それが当っているか、いなかを判定する能力を欠きますけども、そういう解釈もあります。

それからまた再び末永先生のお説ですが、死者に対する七日ごとの供養の日の、初七日――あるは一七日といいますが――忌を死亡の前日から数えるという民俗的な習慣がある。それに原因がありはしないかといわれる。そうすると、七日に亡くなったのだが、六日に亡くなったというように数えるということなのかと思いますが、これも私にはよく理解できません。

末永先生はそういう一日のずれというのが、当時の実例にあるということをいわれています。大安寺に勤操《ごんぞう》、または勤操《きんぞう》というお坊さんがいて、このお坊さんが天長四年の五月八日に亡くなったということが、『日本紀略』にあるそうですが、空海の編纂した『性霊集』という詩文集には、これが七日になっていて、やはり一日のずれがある。これほど有名なお坊さんでも一日ずれがあるというのは、やはりその日日の数え方に違いがあったからではないかと、そういう一つの傍証を出されております。（池田源太、角田文衛氏の説）。

以上の、一日を日没から数えるのか、日の出から数えるのか、始めの忌日については死亡の前日から数えるのかということについては、おそらくここにお出での皆様方にはそういう方面に造詣の深い方もいらっしゃるであろうと思いますので、むしろ私の方がお教えをいただかねばならないことであります。とにかく一日の違いについて従来私が知り得た範囲では、以上のような諸説があります。そこで私が奈良時代の天皇について忌日の記されている例を調べてみたのです。それによると非常に正確な記事もあります。そうかと思うとかなり杜撰《ずさん》なものもあります。一例をあげると、聖武天皇は天平勝宝八歳五月乙卯の日に亡くなったと書いてあります。『三正綜覧』によって日数を右肩に示しますと、次のようになります。

五月乙卯[2]崩日は、辛酉[8]初七戊辰[15]二七乙亥[22]三七（壬午[29]四七を欠く）六月丙戌[4]五七（己丑[7]五七とあるべきところ）丙申[14]六七癸卯[21]七七初七日は、いまと同じで亡くなった当日を入れて、二日から数えて八日ということで、これが初七日。次の二七日は十五日、後は七日目ごとです。こういうふうになっています。四七日が欠け、五七日のところでちょっとおかしいわけですが、何かの事情で日日の変更があったものと思われます。しかし四九日は崩日から数えてちょうど四十九日目になります。元正天皇、光仁天皇の初七日も同様です。しかし、おかしいのは聖武天皇の子供である称徳女帝です。この方の日日はメチャメチャです。これは後継ぎを誰にするかで、相当政治的にトラブルがあったらしく、表面には出ませんけれど、藤原氏とそれに反対する連中との摩擦があったせいでしょう。大変おかしい、というのは、この方は、神護景雲四年八月四日に亡くなって、初七日が四日目に当る七日なんです。トラブルがあって遅れたというならわかるけど、かえって、それを早く済ましてケンカしようというわけでしょうか。干支が合わない。ところが二七日、これは己巳の日にやっている。十六日です。しかしこれは十七日が本来で一日早い。三七日は二十四日であるべきが二十三日、四七日も朔日であるはずが三十日というふうにずっとずれてしまうが、六七日が十四日で、七七日が二十二日なんです。この最後の七七日はやはり亡くなった日から四十九日目、中間ではずっと誤差がありますけれども、全体では四十九日は間違いなくやっています。とにかく初七日はやはり原則として亡くなった日から数えてちょうど七日目、これが奈良時代の原則だったのではないでしょうか。

末永先生は初七日は死亡前日より数えるというふうにいっておられるんですが、そのあたりが私には理解し難いところです。あるいは同じことをいっておられるのかとも思うし、私としては、いまわかりかねております。とにかく一日のずれについては、以上申しましたような説が、私の目に入っているわけです。

4　日付の違いについての私見

そこで次に私の考えを申しあげなければなりません。私の考えは一口に申しますと、『続日本紀』は先ほどもご紹介したように、たとえば、太安万侶は七月の庚午の日に亡くなったと書いてあって、七日に亡くなったとはどこにも書いていない。これは、後で暦をもとにして、暦といっても普通『三正綜覧』をもとにして、この庚午が何日であるかを割り出したものです。この『三正綜覧』という書物によってみれば七日になるのです。ところでこの『三正綜覧』という書物をわれわれはよく使うわけですが、これは明治になってから塚本明毅という学者が編纂したものです。たいへん便利なもので日本暦、中国暦、西洋暦を年月ごとに全部対照してあります。そして、それぞれ月の始めの干支が記されています。中国暦と日本暦の違いも時々は出てきます。この書物によって、養老七年七月庚午の日を換算すると、七日になるのです。

しかし、この『三正綜覧』に間違いはないだろうか、私は暦の専門家ではありませんから、あまり大きなことはいえないのですけれども、『三正綜覧』は全部月の大小を入れてあります。たとえば『三正綜覧』によって天平五年の二月をみると、二月は小の月だと書いてある。ところが有名な『出雲国風土記』は天平五年二月三十日に作ったと書いてある。藪田嘉一郎先生は、これを非常に重要な論拠にして『出雲国風土記』は偽書であるといわれたわけです。ところが岡田清子さんが、おじさんの益田勝美先生と一緒に論文を書かれて、正倉院文書に天平五年二月三十日付のものがある。したがって二月三十日は実際にあった。だから『三正綜覧』をもとに二月は小の月で三十日はあるはずはないという証明の仕方で『出雲国風土記』を否定することはできないといわれています。

これは正倉院文書の方が『三正綜覧』より信用できるという立場です。もちろん、正倉院文書の日付が全部正しいといえるかどうかは問題ですけれども、この場合は複数の文書に見えますし、また一般論として『三正綜覧』と正倉院文書にくい違いが起った時には、正倉院文書の方がより確実だというふうに考える方が素直だと思います。

私は墓誌と『続日本紀』の一日の違いは『三正綜覧』で庚午を七日と換算したため生じたものと考えるのですが、これについては次のような解釈ができると思います。

まず第一に、古代の法令集に、『類聚三代格』というのがあって、奈良時代の法令も沢山収録されています。この『類聚三代格』に収録されている法令と同じ内容のものは『続日本紀』にも沢山収録されている。ところで『類聚三代格』に収録されているものは全部何月何日と日付が入ってますが、

『続日本紀』は日付を全部干支で表わしている。数字では表わしてはおりません。ところがこの『続日本紀』の干支を『三正綜覧』で全部換算して『類聚三代格』とつき合わせると、しばしば一日違いのケースがあるんです。

実例をあげますと、養老六年二月二十二日勅が『類聚三代格』に載っています。それと同じものが『続日本紀』には、養老六年二月甲午となっています。これを『三正綜覧』によって換算しますと二十三日になる。これは『類聚三代格』のほうの法令はもと二十三日であったものが、二と三はよく間違いますから、間違ったんだという考え方もできるでしょう。しかし、だいたい専門家はそうではなくて、逆だというふうに考えています。

次に天平六年十一月二十日太政官符。これも『続日本紀』では、天平六年十一月戊寅と出ています。これも換算すると二十一日、これも、もとが二十一日であったのが、一がとんだという解釈もできないことはありません。

次に、天平九年九月二十一日勅（『類聚三代格』）が、天平九年九月癸巳（『続日本紀』）。これは二十二日になります。

天平勝宝四年十一月十六日の太政官符。これは『類聚三代格』に異本があって、十一日という本もある。これについて『続日本紀』は四年十一月壬子、これは十日です。

天平宝字四年十二月十三日太政官符。これも『続日本紀』は四年十二月戊辰、これは十二日になる。

これも一日『続日本紀』のほうが早い例です。この他にも、まだ例があります。宝字五年六月八日勅（『類聚三代格』）が五年六月庚申。これは七日です。これも『続日本紀』の方が一日早いんです。八日と七日は書き違えるおそれはない。一と二とか、二や三は間違いますが、七と八などの誤字はあまりないのです。

それから、宝字七年三月二十五日太政官符が、『続日本紀』では三月丁卯、二十四日です。これも四と五などはあまり誤字はない。同様に天平神護元年閏十月二十五日官符というのが壬子、十四日です。宝亀十年九月二十七日官符は、『続日本紀』の干支を換算すると二十八日になります。

このように『続日本紀』が一日早かったり遅かったりして、両者くい違う例が少なくない。ただ、どうしてくい違うかという原因は、私のような素人は確かなことはいえないが、たとえば『三正綜覧』の推歩《すいほ》、つまり日日のあて方、月の大小のあて方などに、間違いがあるからという考え方もできるでしょう。

暦に二通りあって、どっちを使うかで狂ってくるんだということが、あるいはあったかもしれない。私などはその方面に暗いものですから、結論めいたことはいえないのですが、とにかくこういう違いがある。その場合に、われわれはどう処理するかといえば、まずだいたい『類聚三代格』のほうの数字を信用して、『続日本紀』の干支は『三正綜覧』によるとそういうずれがでるけれども、あるいは同じ日なのじゃないか、われわれの暦の推歩《すいほ》が違っているんじゃないか、というふうに心配するわけです。

これで私が何をいおうとしているか、もうおわかりだと思います。つまり墓誌と『続日本紀』との一日のずれというのは、類例が『類聚三代格』と『続日本紀』にいっぱいある。ですから決して珍しいことではない。前から私たちはそのことについて、原因は的確には説明できないけれども、類似の現象があることは知っていたのです。

たとえば、墓誌は太安万侶は養老七年七月六日に亡くなったと書いていますが、『続紀』によって、七月庚午の日を七日とすると一日ずれが生ずる。最初から暦が違うんだというういい方は一番簡単ですけれども、それには証明を要します。どういう暦が二通りあったのかという証明がいる。それを考える場合に参考になる事実があるわけです。私がその説を主張するというのではありません。私もそういうことが何か関係がありはしないかと想像するだけです。

持統十一年八月朔、持統天皇は宿願を達して、孫の文武に位を譲ります。『日本書紀』は、この日を八月乙丑としています。ところがその後にすぐ続くところの『続日本紀』の記事では、この日は甲子の日となっている。つまり一日ずれてます。従来からこの現象はよくわかっていますから、普通は『日本書紀』のほうは元嘉暦という暦を使っている。持統紀には元嘉暦と儀鳳暦を使うなんて書いてある。そんな馬鹿な話はない。一度に違った暦を使うということを政府が命令するはずがない。だから持統は元嘉暦を使い、文武の即位を機に儀鳳暦を使ったのであろうというのが、ごく一般的な解釈のようです。つまり暦が違うので一日ずれていると考える。とすると一日バックしたわけです。

さてそうなると、乙丑の日が甲子の日となって、『日本書紀』は八月朔ですから、これは前月の三十日。ところが『続日本紀』の方は甲子が朔であるから、その前の日にあたる癸亥の日が二十九日、乙丑が二日ということになる。そうすると『日本書紀』がそのまま同じ暦でつづいていくと六日になる日が、『続日本紀』でいくと七日になります。

どこがどう違うか。暦の違いもさることながら、前月の大小で、前の月がこっちは大で、こっちが小。ご承知のように旧暦は一月が二十九日か三十日です。『三正綜覧』をみると七月は元嘉暦ならば大になるし、儀鳳暦ならば小になるはずです。『三正綜覧』がどちらをとっているかというと、『続日本紀』のほうをとっている。したがって七月は『続日本紀』は小の月と考えられることになるわけです。

つまりこの考え方を安万侶の亡くなった日付に関して応用するとどうなるか。安万侶は七月七日に亡くなっているわけです。『三正綜覧』によると実は六月は大の月なんです。五月が小になる。二十九日で終るようになる。仮にこの五月の小を、『三正綜覧』はそういっているけれど、大であったと仮定するとどうなるか。つまり墓誌と『続日本紀』のずれといいますけれど、実際はずれてなかったのかもしれない。『三正綜覧』が前の六月も大、五月は小といっているけれど、五月も大、六月も大であったとしたら、一日は簡単に調節できることになります。

これを『三正綜覧』が月の大小を誤ったというふうに考えることも一案ですが、その儀鳳暦とか、元嘉暦とか、暦の違いだという解釈も可能であろうと思います。ことの真偽は専門家にゆだねなければならないのであって、私にはそういう想像ができるのではないかという、まったくの思いつきであり、無責任な提言でありますけれども、そういう解釈ができるであろうと想像するわけです。

この想像は、いま申しました『類聚三代格』と『続日本紀』とは、しばしば一日のずれを生ずる例があるので、それほど無茶なものではないと、私は思っております。

もうひとつ日付についてずれがあります。それは何とも書いてありませんが、多分葬った日である十二月十五日、乙巳という月日および干支です。『続日本紀』は朔に記事があれば干支がわかるんですが、しばしば朔に記事がないとばしますのでわからない。たとえば養老七年の元旦が何の日であるかはわからない。しかし翌養老八年はわかっております。壬戌の日です。したがって養老七年の十二月が大の月であったとすると、乙巳はそれから遡って計算できるわけです。それは十四日です。反対に小の月で二十九日で終りであったとすると、一日さらに早くなって十三日になります。どうみたってこれは合わない。

しかし、墓誌は日数と干支が書いてあるから、まず間違いない。動かないと思われます。この点を勘案しますと、これはやはり月の大小などで狂いを生じた。つまり『三正綜覧』にちょっと間違いがあったからというようなものではなくて、使った暦に、『続日本紀』と安万侶の墓誌とには違いがあるという解釈のほうがよいのではないかと思われます。

いずれこの暦の問題は、専門の方がいろいろご意見を出されることと思います。私などはまったく門外漢ですけれども、歴史家として私なりに思いつきを申しあげた次第で、私のいまの考えは、やはり暦が違うと考えたほうがよいのかもしれない。しかし、ごく部分的な現象としては、月の大小などで調整できるような問題も少なくない。こういうふうに申しあげる他はない。

したがって七月六日とか十二月十五日、乙巳というのを一応それなりに認めてさしつかえない。ただ当時の正史とのずれについては、いろんな解釈が成り立ち得るから、専門家に解釈をしていただきたいと思っている次第です。

5　太安万侶の勲五等について

次に太安万侶の勲五等についてですが、『続日本紀』で太安万侶の事績をたどると、太安万侶が勲五等という勲位を授けられたということは、どこにも出てこないのに、例の『古事記』の序文にはそのことが出ている。これがピッタリ合う。だから『古事記』は本物だというように考える方もおいでのようですが、そう簡単にはいかないわけで、この勲五等が『古事記』のそれと一致するからといって、『古事記』の序文が間違いないという論理は私には納得できません。この点に関しては、次に大和岩雄さんが言及されると思いますので、これには触れませんけれども、私はこの勲五等を太安万侶がいつ貰ったかという点を、お話してみたいと思います。

それからついでに申しますと、勲位というものは古代では武勲に対して与えられるものであって、すなわち従軍しなければ絶対に貰えない。つまりこの勲何等というのは戦前であれば功何級というのにあたる。もちろん金鵄勲章を貰わない人でも、武勲があれば勲等を貰うことはありますから、戦前の勲何等と古代のそれを全然違うとはいえませんけれど、要するに武勲に対してのみ与えられるものであるということを、注意していただきます。

それに関連しますが、従来、太安万侶が『古事記』の撰録者だということを疑う根拠として、彼が武勲によって与えられるところの勲五等を持っているのはおかしいのではないかということをいわれた方がおられるのですが、これは見当違いですから訂正していただかないといけない。なぜかというと、この時代の官僚は、下の方では武官の系統と文官の系統は割合はっきり分かれている。ところが安万侶のように五位とか四位とかいう、いわゆる貴族になると、文官と武官の区別はかならずしもはっきりしないのです。その人なりに武官畑を多く歩む人、文官畑を多く歩む人というのはあるけれども、絶対両者が行ったり来たりしないかというと、そんなことはない。いろいろな役を経歴する間には文官・武官、みさかいなく歴任するのが普通です。つまり上のほうでは文官と武官という区別はきわめて流動的であって、その人に固定したものではありませんから、したがって太安万侶が勲五等を授けられるような武勲をたてるチャンスをあたえられたとしても、つまり軍人として出征したとしても、ちっともおかしくはないのであって、そのことと『古事記』の筆録というのが抵触するというようなことはないのです。従来の偽書説のなかに、勲五等を貰うような人間が『古事記』を書けるはずがないというような意見もあったようですから、これは訂正を要すると思います。

実例はいくらでもあります。たとえば勲三等を貰った藤原宇合《うまかい》などは、『常陸国風土記』をあのように立派な漢文につくりあげた人でもあります。決して文才と武勲とは矛盾するものではないのです。そういうことで太安万侶が勲五等を貰うということと、彼の文才とは何ら抵触しないということを、まず認識しておきたいと思います。そこでこの勲五等をいつ貰っただろうか。これがわからない。しかし、たとえ序文が疑われても、墓誌が出てきたんですから、貰ったことは間違いない。

そこで、これをいつ貰ったか、まず勲五等を貰うような人はどの位の身分の人かということをおさえておく必要がある。養老の「官位令」、官位相当を記したものには、たとえば正一位・従一位の人の相当の官職は太政大臣。正二位・従二位の相当の官職は左右大臣。従三位の相当官職は大納言。そういうことが書いてあるんですが、この「官位令」には、また勲等も書いてある。

勲一等は正三位に当る。従三位は勲二等。正四位が勲三等。従四位が勲四等。正五位が勲五等。従五位が勲六等以下十二等まであるわけです。安万侶は勲五等ですから、安万侶と同様、勲五等を貰った人について、『続日本紀』から実例を集めてみると、一応ちゃんとルールがあるようです。

たとえば、従五位上高橋朝臣安麻呂という人が武勲によって正五位下を授けられ、合わせて勲五等に叙せられた。正五位下を授けられて勲五等です。それから、従五位下中臣朝臣広見という人が、同じく武勲によって、従五位上を授けられて勲五等。従五位上佐伯宿禰久良麻呂は正五位下を授けられて勲五等。同じく紀朝臣広純も正五位下を授けられて勲五等。正五位下の内蔵忌寸全成という人は正五位上を授けられて勲五等。そういう例があって、従五位のままで勲五等を貰った人もいますけれど、だいたいは規則どおりで、あまりこの範囲から逸脱していないのです。つまり実例からみる限り、勲五等を貰うような人は、もと五位の位を持っていた人、そしてそれをチャンスに従五位から正五位に上った例も少なくない、これがどうも奈良時代の通則であるようです。

したがって、この通則を安万侶に当あてはめてみたらどうなるだろうか。つまり安万侶が五位になったのはいつか、これは資料にあります。慶雲元年春正月、すなわち七〇四年正月です。彼はこれ以後でなければいくら頑張ったって勲五等は貰えない。六位ではせいぜいよくて六等か、普通は七等です。それから彼が正五位上から従四位下、つまり五位から四位になったのはいつか。霊亀元年春正月です。すなわち七一五年正月です。これ以後ですと、貰う勲位は四等が通則です。

だから、彼が勲五等を貰ったのは慶雲元年（七〇四）から霊亀元年（七一五）までの十一年間です。ではそのなかで具体的にどういうチャンスがあったであろうか。これを『続日本紀』でみると、この期間で武勲をたて得るチャンスというのは一回しかない。だからそう考える他はない。それは和銅二年、七〇九年、平城遷都の前の年、和銅二年三月、左大弁正四位下巨勢朝臣麻呂という人物が陸奥鎮東将軍になっている。民部大輔正五位下佐伯宿禰石湯《いわゆ》、この人物が征越後蝦夷将軍、内蔵頭《くらのかみ》従五位下紀朝臣諸人、この人が副将軍になっている。その他、以下の役人を任命して遠江・駿河・甲斐・信濃・上野・越前・越後、あるいは常陸、これらの諸国から兵を発して陸奥の蝦夷と越後（のちの出羽を含むか）の蝦夷を討ったとある。つまり太平洋側と日本海側の蝦夷を討ったという記事である。

そして石湯と諸人については、この後八月二十五日に、石湯と諸人が「事畢りて入朝す」、つまり征伐が終って帰って来た。そこで天皇は召見して「特に優寵を加ふ」とある。つまり帰ってきたので御前に呼んでお恵みを賜ったと書いてある。

ここでまず問題になるのは、巨勢麻呂の方は、かなり偉い人で将軍である。副将軍の記事がない。当然副将軍がいたはずです。これはさっきいいました『続日本紀』の疎漏な点です。副将軍を落としている。征越後蝦夷将軍のほうは、巨勢麻呂に比べればかなり位の低い役人ですが、ちゃんと副将軍まで書いてある。かならずや陸奥にも副将軍は任命されたはずです。私はこれが太安万侶だといいたいんです。

次の問題は、石湯と諸人が帰って来たので優寵《ゆうちょう》を加えたという記事があるのに、巨勢麻呂のほうは帰って来たとも、優寵を加えたとも書いてない。しかし後の記事をみれば彼が帰って来たのは間違いないのです。いつまで陸奥にいたわけではない。そうすると巨勢麻呂が帰って来た記事は、まったく落ちている。石湯・諸人が優寵を加えられたのだから、巨勢麻呂だって当然なのです。しかしその記事もない。ところで優寵とは何か。わけのわからぬ言葉です。でも普通こういう場合に考えられるのは叙位でしょう。位を上げて貰うことです。昇叙です。では石湯や諸人は昇叙されただろうか。いいえ、彼らは上っていないのです。ここでの優寵とは何か。ずばり、叙勲です。叙勲は当然考えられる。ただしそのことは資料に徴すべきものがありません。優寵にはまだあるでしょう。たとえば金一封です。和銅銭を作ったころですから、貰ったかも知れないし、恩賜のタバコに当たるような何かを貰ったかもしれない。しかし、それは想像にすぎません。とにかく位は上ってないんですから、考え得る最たるものは、叙勲だと思います。

ところが、巨勢麻呂も石湯も諸人も勲位を貰ったということはどこにも出ていない。しかし『続日本紀』を通じていえることは、勲位を貰ったことのわかる人の数は、役人の数のなかでは、ほんのひとつまみくらいで、極端に少ない。つまり勲位というのは『続日本紀』では、ほとんど脱落している。ですから文献になくたってかまわない。彼らが勲位を貰ったと思っても、けっしておかしくはないのです。

蝦夷征伐に従軍した将軍・副将軍が勲位を貰わないで誰が貰うか。壬申の乱に従軍した農民兵だって貰っているようです。美濃の農民が、大宝二年の戸籍には勲位をもっているとみえる。隼人征伐に従軍した北九州の農民だって貰っているんですから、将軍が貰わないわけがない。こういうのが『続日本紀』では全部落ちているんです。そうすると安万侶が勲位を貰うチャンスというのはこれしかないんです。そしておそらく彼はこの時は、——私の想像ですけど、というのは従五位下から正五位下までの間がわからないんです。彼は和銅四年に正五位下から正五位上になったという記事があるから、つまり七一一年に正五位上になってるんですから、和銅二年には従五位上か、正五位下なんです。どちらかわからないけれど、私は多分正五位下だと思いますが——正五位下で参加したとみるより他はない。そうすると、その武勲に対して勲五等を授けられるということは、少しもおかしくはないのです。

和銅五年の『古事記』撰録、あれを正しいと仮にしますと、和銅二年征夷で貰っているのですから、それとも矛盾はしないことになるのです。いずれにせよ七一五年には、四位に上っていますから、それ以後、仮に従軍したとしても、もし貰えばこれは勲四等であって、五等ということはあり得ないと私は思います。以上のように想像するのです。

つまり彼は、和銅二年、征陸奥鎮東副将軍になった事実があったのである。それによって叙勲されたのである、と。そう考えて何ら支障はないのです。積極的に証明する術もないけれども、積極的に反証をあげることもできないだろうと思います。このように彼が五位の時代に勲位を授けられるようなチャンスは、この和銅二年ただ一回であって、このことについては岡田精司氏も新聞のなかでちょっと触れておられました（昭和五十四年一月三十一日付『東京新聞』夕刊）。

ところが最近私のところに、ある本屋さんから、関西大学の横田健一先生のお書きになった短文が送られて来ました（ほるぷ出版『伝記大辞典通信』7）。それをみると横田先生は、「従四位下・勲五等という位階勲等は『古事記』編集に対してというより、むしろ直木孝次郎氏の主張するように、養老四年の隼人遠征の功を含む生涯の功績に対するものと考えた方が良さそうである」といわれています。養老四年の隼人遠征を考えられているのです。しかし、私は先程申しましたように、養老四年は、すでに彼は従四位下であって、仮に従軍したとしたら、むしろ勲四等を授けられるべきであって、これは「官位令」の規定からいっても、勲五等は低すぎるので、隼人遠征説は納得できないのです。むしろ和銅二年の蝦夷遠征の功を含む生涯の功績と考えるのがよいのではないかと思います。

これについては、征夷の将軍と副将軍との例は他にもあるので、そういうものをみなければいけません。安万侶を正五位下、あるいは従四位上で副将軍として少しもおかしくはない。他の例からみてもおかしくはないと思います。ところが養老四年の隼人征伐は、大伴旅人が正四位下で征隼人持節大将軍、従五位下笠御室、同じく巨勢真人が副将軍というのですから、これは従四位下の安万侶が入りこむ余地がないんです。彼は大将軍にも副将軍にもなりようがないので、この説は成り立たないだろうと思います。

田中卓氏は安万侶の勲五等を壬申の乱の勲功のためといわれましたが（『古代天皇の謎』）、すでに申しましたとおり、この考え方も成り立たないと思います。もちろん、これは彼が壬申の乱に従軍した可能性を否定するものではありませんが。

以上勲五等は、和銅二年の蝦夷征伐に副将軍として従軍し、その功で貰ったと思われるのです。安万侶は筆を持つだけではないのであって、時には武器も持ったと考えてよろしいかと思います。

（原題「同」『東アジアの古代文化』二〇、一九七九年、大和書房）

三　授刀小考

1　授刀の訓義

『続日本紀』(以下『続紀』と略記)慶雲四年七月丙辰条に初見する「授刀舎人寮」については、笹山晴生氏らによって研究が重ねられてきた(1)。新日本古典文学大系『続日本紀』一の補注4―七「授刀舎人寮」は、その成果を踏まえて執筆されたものであろう。いま、それを左に引用してみよう。

授刀舎人寮は授刀舎人を管轄する官司で、「授刀寮」(養老五年十二月条ほか)ともいう。「帯剣寮」(和銅元年三月条)・「帯剣舎人」(同四年十月条)も、和訓が同じ「タチハキノトネリ(ノツカサ)」とみられることから、同一の官司および舎人であろう。寮とされているのは、類似の舎人を管轄する左右大舎人寮や左右兵衛府(大寮相当)との関係によると思われる。

授刀舎人は、内舎人・兵衛と同様、帯刀して禁中の宿衛にあたるのを任務としたと考えられるが、それが元明即位直後に設置されていることはとくに注目されるところで、恐らくは当時皇位継承の予定者とされていた首皇子の地位を擁護するという目的をになったものではないかと推測される（林陸朗「皇位継承と親衛隊」『上代政治社会の研究』、笹山晴生「授刀舎人補考」『日本古代衛府制度の研究』）。養老四年八月、右大臣藤原不比等の死の直後、新田部親王が「知五衛及授刀舎人事」に任命されていることや、同六年二月当時、従三位の地位にあった藤原房前が授刀寮の長官（頭）であったこと（衣服令5集解所引同月二十三日格）などは、授刀舎人寮が宮廷武力としていかに重視されていたかを物語るものであろう。同日の格で、房前が王臣の位袋の停止について意見を上っていることは、授刀寮が官人の衣服など宮中の風儀の取締りにも関与していたことを推測させ、また神亀四年正月、侍従侍衛の任を怠った官人を授刀寮に散禁したこと（万葉九四八・九四九左注）や、同年九月、天皇の山村遊猟のおり、追われた鹿を食べた百姓男女を授刀寮に禁じたこと（霊異記上—三十二）などは、当時の授刀寮が、宮廷における規律違反者の拘禁など、警察的任務にもたずさわっていたことを推測させるものである。

授刀寮・授刀舎人寮の称は、続紀神亀四年十月甲戌条を最後に以後しばらく史料に見えなくなる。このことは、翌神亀五年七月（続紀が八月に係けるのは誤り）に設けられた中衛府が、授刀寮を改編したものであることを推測させる。恐らく、神亀元年に首皇子が聖武天皇として即位したのにともない、その側近警衛の任にあった授刀舎人を基盤として新たな衛府を編成し、旧来の五衛府にまさる地位と権力とをそれに付与したものと考えられる。その後、天平十八年二月にいたり、騎舎人を改めて授刀舎人が再置されるが、このいわば第二次の授刀舎人も、続紀神護景雲三年十月条の宣命の文言などから考えると、恐らく当時の皇太子阿倍内親王の地位を擁護する目的をもっていたと推測される（笹山晴生「中衛府の研究」『日本古代衛府制度の研究』、前掲「授刀舎人補考」）。この第二次授刀舎人は、聖武上皇の死後、天平宝字三年十二月授刀衛に編成され、さらに天平神護元年二月、近衛府へと発展する。

右は簡にして要を得たもので、筆者はこれに加うべき何物をも持ち合わせないが、ただ一カ所気掛りなところがある。それは、

「帯剣寮」（和銅元年三月条）・「帯剣舎人」（同四年十月条）も、和訓が同じ「タチハキノトネリ（ノツカサ）」とみられることから、同一の官司および舎人であろう。

というところである。

「帯剣」を「タチハキ」と訓むのは当然としても、「授刀」をなぜ「タチハキ」と訓むか、そう訓めるのか、その理由がわからないのである。禄令義解兵衛条の注文「授刀舎人」に、「タチハキノトネリ」の傍訓が見えるから、中世以来そう訓まれて来たのであろうし、今日の注釈書・辞典類も一様に「タチハキノトネリ」と訓んでいる。

しかし、「授刀」は「タチヲサヅク」「サヅクルタチ」とは訓めても、「タチハキ」とは訓めないのではあるまいか。強いて言えば、「（サヅクル）タチ（ヲ）ハキ（タル）」ということか、とも考えられるが、それは如何にも苦しい解釈であろう。

そこで、「授刀」の字義から更めて考えてみよう。『広辞苑』によれば、

さず・く《サヅク》**【授く】**『他下二』①目上の者から目下の者に与える。取らす。

とある。授刀舎人寮が元明天皇即位の四日後に設置されたことから、皇統擁護の目的をもったものであろうことは、前掲補注にも指摘する通りである。とすれば「刀を授」ける主体は、(元明)天皇であり、その目的は天皇の身辺の警衛・禁中の宿衛であろう。授刀舎人は天皇から授けられた刀を身に帯びて、その任務に就いたことであろう。帯剣舎人と授刀舎人の違いは、その佩用する刀剣が、前者は自弁、後者は天皇の名における官給であった点にあるといわなければならない。もって後者に対する天皇の信任の厚いことを察すべきであろう。授刀舎人は天皇から授けられた刀をもって天皇の身辺を警衛し、禁中を宿衛することを期待され、かつ義務づけられたことであろう。

ここで、古典に見える「授」の用例を検討してみよう。『日本書紀』には以下の例が見える。

(1) 願爲ㇾ我弑二天皇(垂仁)一。仍取二匕首一、授二皇后一。(願はくは我が為に天皇を弑《ころ》しまつれといふ。仍りて匕首《ひもかたな》を取りて、皇后《きさき》に授く。)(垂仁紀四年九月条)

(2) (景行)天皇持二斧鉞一以授二日本武尊一。((景行)天皇、斧《をの》鉞《まさかり》を持《と》りて、以て日本武尊《やまとたけるのみこと》に授く。)(景行紀四十年七月条)

(3) 於ㇾ是倭姫命取二草薙劍一授二日本武尊一曰。愼之莫ㇾ怠也。(是《ここ》に倭姫命《やまとひめのみこと》、草薙剣《くさなぎのつるぎ》を取りて、日本武尊に授けて曰《のたま》はく、愼《つつし》め、な怠《おこた》りそとのたまふ。)(同十月条)

(4)　遣二平群木菟宿禰。的戸田宿禰於加羅一。仍授二精兵一詔之曰。……汝等急往之撃二新羅一。（平群木《へぐりのつ》菟宿禰《くのすくね》・的戸田宿禰《いくはのとだのすくね》を加羅《から》に遣《つかは》す。仍りて精兵《すぐれるいくさ》を授けて、詔《みことのり》して曰《のたま》はく。……汝等《いましら》、急《すみやか》に往《まか》りて新羅《しらき》を撃て。）（応神紀十六年八月条）

(5)　（継体）天皇親操二斧鉞一。授二（物部麁鹿火）大連一曰。長門以東朕制レ之。筑紫以西汝制レ之。（（継体）天皇、親《みづか》ら斧鉞《をのまさかり》を操《と》りて、（物部麁鹿火）大連に授けて曰はく、長門《ながと》より東をば朕之《われこれ》を制《かと》らむ。筑紫より西をば汝制《いましかと》れ。）（継体紀二十一年八月条）

(6)　来目皇子爲下撃二新羅一将軍上。授二諸神部及国造伴造等幷軍衆二万五千人一。（来目皇子《くめのみこ》をもて新羅を撃つ将軍《いくさのきみ》と為《な》す。諸《もろもろ》の神部《かむとものを》及び国造《くにのみやつこ》・伴造《とものみやつこら》等、幷《あはせ》て軍衆二万五千人を授く。）（推古紀十年二月条）

(7)　爰（天武）天皇誉之。……因賜二鞍馬一。悉授二軍事一。（爰に（天武）天皇誉めて、……因《よ》りて鞍馬《くらおけるうま》を賜ひて、悉《ことごとく》に軍事《いくさのこと》を授けたまふ。）（天武紀元年六月条）

(8)　近江将軍羽田公矢国。其子大人等率二己族一来降。因授二斧鉞一。拝二将軍一。（近江《おうみ》の将軍《いくさのきみは》羽田公《たのきみ》矢国《やくに》、其の子大人等《うしら》、己《おの》が族《やから》を率《ゐ》て来降《まうしたが》ひまつる。因りて斧鉞《をのまさかり》を授く。）（同七月条）

(9)　以二浄広肆河内王一為二筑紫大宰帥一。授二兵仗一及賜レ物。（浄広肆《じやうくわし》河内《かふちの》王《おほきみ》を以て、筑紫《つくしの》大宰《おほみこと》帥《もちのかみ》と為《な》す。兵仗《つはもの》を授けたまひ物賜ふ。）（持統紀三年閏八月条）

以上の諸例で、授けられるものは、(一)武器またはそれに類するもの（(1)(2)(3)(5)(8)(9)）、(二)軍隊または軍事に関するもの(4)(6)(7)に大別されるが、いずれも、それらを授けられた人が、授けられた物（(7)の軍事は物ではないが）を使って一定の任務を遂行することが期待され、または義務づけられているところに共通点が見出せるであろう。『日本書紀』には、右の他に冠位を「授」ける記事が五十例余り見える。

それらの諸例を通観すると「授ける」ということは、授与者と被授者との間に授与物を介して一種の契約関係が取り結ばれることに他ならないのではなかろうかと考えられる。たとえば右の(8)で、羽《は》田公矢《たのきみや》国《くに》は大海人皇子（天武天皇）から斧鉞を授けられたという。斧鉞は後の節刀に相当し、将軍の部下に対する断決権の象徴である。矢国は将軍として部下に対する全権を委任されたのである。したがって、矢国はその強大な軍事指揮権を行使して近江朝廷を撃滅する責務を大海人皇子に対して負うことになったのである。

右の諸例の「授」は、そのどれもが、授与者と被授者との間に授与物を介して一種の契約が取り交わされたと見てよいのである。こう考えるなら、先述の冠位を授けるという用法も容易に理解できるであろう。すなわち、天皇は官人・貴族に冠位を授けることによって、天皇に対する忠勤を期待し、忠誠を義務づけるのである。

次に『古事記』に於ける「授」の用例を見てみよう。

(1)　其妻須勢理毘売命以二蛇比礼一授二其夫一云。……且授二呉公・蜂之比礼一教レ如レ先。（其の妻須勢《すせ》

理毘売命《りびめのみこと》、蛇の比礼《ひれ》を以て其の夫に授けて云《の》りたまひしく、……且呉公《またむかで》・蜂《はち》の比礼を授けて、先の如教《ごと》へたまひき。）（上巻）

(2)　如レ此令二惚苦一云。授二塩盈珠・塩乾珠幷両箇一。（此の如く惚《なや》まし苦しめたまへと云ひて、塩盈《しほみつ》珠《たま》・塩乾珠幷《しほふるたまあは》せて両箇《ふたつ》を授く。）（上巻）

(3)　爾沙本毘古王……作二八塩折之紐小刀一。授二其妹一曰下以二此小刀一刺中殺天皇之寝上。（爾《ここ》に沙本毘古《さほびこの》王……八塩折《やしほをり》の紐小刀《ひもがたな》を作りて、其の妹《いろも》に授けて、此の小刀《かたな》を以ちて、天皇の寝《ね》たまふを刺し殺せと曰《い》ひき。）（中巻）

(4)　品太天皇五世孫袁本杼命。自二近淡海国一令二上坐一而。合レ於二手白髪命一。授二奉天下一也。（品太《ほむだの》天皇《すめらみこと》の五世《いつつぎ》の孫袁本杼命《をほどのみこと》を近淡海国《ちかつあふみのくによ》自り上《のぼ》り坐《ま》さしめて、手白髪命《たしらがのみこと》に合《あは》せて、天の下を授け奉りき。）（下巻）

『古事記』の用例は多くはないが、(1)は須勢理毘売がその夫大国主命に蛇・呉公の害を免れるために振ることを期待して比礼を与えたのである。(2)は火照命（海幸）を悩ますことを期待して海神が火遠理命（山幸）に二つの珠を与えるのである。(3)は先掲『書紀』の(1)と同じである。(4)は袁本杼命に天下を授けたという。誰が授けたか明記しないが、『書紀』によれば、大伴金村ら群臣の議によったという。これも袁本杼命に天皇となって天下を立派に治めてもらいたいという願望が籠められている。天皇と群臣の間には暗黙のうちに、こうした契約が交わされたと見てよかろう。

ここで、『記紀』と同時代の史料として『続日本紀』に引かれる宣命から「授」の用例を拾ってみよう。（[1]などの数字は宣命の番号。北川和秀編『続日本紀宣命校本・総索引』による）

まず、授けられるものとして、

㈠　食国天下之業[3]　天津日嗣高御座之業[1]　天津日嗣高御座之業食国天下之政[5]　天下[29]　帝乃位[45]　此位[23]

㈡　皇后位[7]

㈢　法王乃位[41]　太政大臣禪師能位[36]　大臣禪師止位[28]　法臣位・法参議[41]

㈣　太政大臣之位[52]　左大臣乃位[41]　右大臣之官[40]　太師乃官[26]　右大臣之位[41]　此官（太師）[26]　其官（太政大臣）[36]

㈤　刀[45]

さて、㈠は天皇が新たに即位して天下を治めることであるが、それは、皇祖（前帝をも含む）が新帝に国家の統治を委ねることであり、新帝はその委任に応えて国家を平穏無事に大過なく統治する責務を負うのである。皇位は皇祖の神々と天皇との、かかる契約に基づくものと言えるのである。

㈡の「皇后位」は天皇が授けるもので、その場合でも「皇后位」を授けられた女性は皇后として後《しり》方《え》の政《まつりごと》を執って天皇を扶ける義務（内助の功）がある。彼女は皇后位とともにその責務を負わされたのである。

㈢は僧侶に与えられたもので、法王は道鏡に与えられた政治的地位[2]、太政大臣禪師[3]・大臣禪師[4]は同人に与えられた令外官、法臣[5]・法参議[6]は彼の腹心円興・基真に与えられた令外官である。

㈣は大臣の官・大臣の位、㈤は唯一刀剣という武器であり、本稿のテーマ「授刀」とかかわる。

以上、『続紀』宣命における「授」の用例をまとめると、授けられるものは、㈠皇位、㈡后位、㈢法王位・法臣・法参議位、㈣大臣官、大臣位、㈤刀となる。ここで注意したいのは「官ヲ授ク」という用例である（26・36・40）。律令用語としては「授位任官」が一般的である。「授官」の語、用例は、ほとんど見えないのである。それ故か、宣命で官を授けるという場合、多く「官名＋之位」としているのではあるまいか。大臣に任ずることを大臣の地位を与えると表現したのであろう。

いずれにしても、「授」という行為は、授与者が授与物を媒介として被授者に、ある種の義務・責務を負わせることなのである。「授刀舎人」も、このような観点から理解されるべきことは、すでに述べたところである。

では、その訓みは如何。「タチハキノトネリ」と訓むことに疑問を呈しておいたが、もし「授刀」を「タチハキ」と訓むなら「授刀衛」も「タチハキエイ」などと訓むべきであろうが、新日本古典文学大系『続日本紀』では「じゅたうゑ」と訓んでいる。「授刀舎人」は「ジュタウノトネリ」と言ったのではあるまいか。

以上、この節では「授刀」は「タチハキ」とは訓み難いこと、「授」にはそれなりの意味があり、

「授刀舎人」が特殊な舎人として重視されたであろうことなどを述べたのである。

2　授位と任官

「授位任官」「任授官位」などの語は選叙・公式令に見えるが、「授官」「任位」の語は令に見えない。位階に職掌はともなわないから「任位」の語がないのは当然だが、「授官」の語が見えないのは如何なる理由であろうか。「授」の意義を前節のごとく考えれば、「授官」の語があってもよさそうに思われる。しかし、管見の限りでは『賦役令集解』春季条所引「古記」に、「即孝義人身死。子孫不レ住。與下得二孝義一人上同籍及義門分異者並不レ在二免限一。一依レ令授レ官応レ免二課役一(7)（即ち孝義人、身死《みし》し、子孫住せず、孝義を得たる人と同籍、及び義門分ち異ならば、並びに免の限りに在らず。一に令に依り官を授け、課役を免ずべし）」とあるのと、『日本書紀』顕宗元年四月丁未条に「詔曰。凡人主之所二以勧レ民者。惟授レ官也（詔して曰はく、凡そ人主《みかど》の民を勧《すす》むる所以《ゆゑ》は、惟《これ》官《つかさ》授《たま》ふなり）」とあるのと二例にすぎない。「授」が、ある義務をともなって与えることであれば、官こそまさに「授」けるにふさわしいものとも考えられるにも拘らず、「授官」の用例が殆ど見当らないのは何故であろうか。

ここで、「授」の本来の意味「目上の者から目下の者に与える」に立ち返って考えてみよう。

位階とは官人・貴族の、天皇との距離を示す身分標識である。ここに従五位下の官人が従五位上に昇叙したとすると、彼は新たに従五位上の位記を授けられるが、従五位下の位記は、そのまま永く手許に保有される。これらの位記は贖罪に充てられるなどの事故がない限り永久に彼のものなのである。同時に同位の官人が複数いても差支えないのであるから、位階こそ官人個人に授ける、すなわち与えることのできるものなのである。

これに対して官職はどうか。官職には定員があり、任期もある。一人の官人が一つの官職に何時までも止まることはできない。官人は任期を限って官職を委任されるのであり、任期が尽きれば、その官職を去らなくてはならない。このような本質をもつ官は、官人個人に与えられる位階とは違って、本来授ける、すなわち与えるものではなく、委任する、すなわち統治者としての天皇が官人に一時的に（期限をきって）委ねる（＝よさす）ものなのである。「授位」が多用されるのに対して「授官」の例が、ほとんど見当らないのは以上のような理由によるのであろうと推考する。

次に、「授」は、ある義務と抱き合せに、あるものを与えることだとすれば、「授位」は何を義務づけるものであろうか。位は官と違って具体的職掌は何もない。位階は天皇から与えられる身分標識であり、官人は持てる位階に相当する官職に任ぜられる。有位者は官職の有無を問わず、授位者たる天皇に忠誠を尽す義務がある（位田・位録・位封などの優遇に対して）。

このように、位階は個人の専有すべきもの、官職は個人の専有が認められないものであるところに、

「授位」と「任官」の使い分けがなされた理由がある。

位階と官職の関係を現代に当て嵌めてみると、位階は学位（博士号）、官職は大学教授職（厳密には国公立）に相当するであろう。学位は個人に属するものであるから、本人の定年退職後でも、また没後でも本人のものであるが、教授職は定年が来れば退かなければならない。学位は当人に帰属するが、教授職は本人の専有し得ぬ公器であると言えようか。

先にも触れたように、『続紀』宣命には「官を授ける」例が幾個か見える。

(1)　此官（太師＝太政大臣）乎婆授不給[26]

(2)　此藤原恵美朝臣能大保乎太師乃官仁仕奉止授賜夫[26]

(3)　藤原永手朝臣尓右大臣之官授賜[40]

(4)　太政官能大臣方奉仕倍支人乃侍坐時仁方必其官乎授賜物仁在[36]

右四例は、「官ヲ授ク（授ケズ）」という語法の実例であるが、宣命ではこれとならんで、「官名＋之位ヲ授ク」という語法が見える。

(1)　太政大臣之位尓上賜比授賜[52]

(2)　太政大臣之位尓上賜比治賜久止詔[52]

(3)　太政大臣朕大師尓法王乃位授末都良久止勅[41]

(4)　円興禪師尓法臣位授末川流[41]

(5)　基真禪師尓法参議大律師止之天冠波正四位上乎授[41]

(6)　右大臣藤原朝臣遠波左大臣乃位授賜比治賜[41]

(7)　吉備朝臣仁右大臣之位授賜[41]

右の諸例は、官名（法王・法臣などは官名と言えるか問題であろうが）に「ノ位」を付して「授」けると表記している。直接に「官ヲ授」ける語法もあるが、官名に「ノ位」を付して授けるとした例が多いようである。

このように「授レ官」という語法は宣命にも数は少ないながら散見されるのであるが、やはり「授レ位」が一般的であったということは間違いないのである。

ここで『続紀』宣命の第三十六詔（『続日本紀』天平神護元年閏十月庚寅条）に、次のように見えることに注目したい。

是以朕師大臣禪師能朕乎守多比助賜乎見礼方内外二種乃人等仁置天其理仁慈哀天過无久毛奉仕之米天志可等念保之米之天可多良比能利多布言乎聞久仁是能太政大臣乃官乎授末都流仁方敢多比奈牟可等奈毛念。故是以太政大臣禪師能位乎授末都留止勅御命乎諸聞止宣。（是を以て、朕《あ》が師大臣禅師の朕を守りたび助け賜《た》ぶを見れば、内外《うちと》二種《ふたくさ》の人等《ども》に置きて其の理《ことわり》に慈哀《うつくし》みて過《あやま》ち无《な》くも仕へ奉らしめてしかと念ほしめして可多良比《かたらひ》のりたぶ言《こと》を聞くに、是の太政大臣の官《つかさ》を授けまつるには敢《あへ》たびなむかとなも念ほす。故《かれ》是を以て太政大臣禅師の位を授けまつると勅《の》りたまふ御命を諸《もろもろ》聞《き》きたまへと宣りたまふ。）

〔通釈〕(8)わが（称徳女帝）師大臣禪師（道鏡）の、朕を守られ、助けられるのを見ると、出家の者と在家の者との両方に於て、夫々のあるべき道理の通りに慈みを垂れて、過なくも朝廷にお仕へ申し上げさせたいものだと思し召して、それらの人びとに語らい仰せられる言葉を聞くに、この太政大臣の官を授け申しあげるには、堪えられるであろうかと思し召される。それ故、太政大臣禪師の位を授け申しあげると、仰せ下される大命を、皆々承れとて宣べ聞かせる。

これによれば、「太政大臣の官を授けるなら耐えられるであろうかと危惧される故、太政大臣禪師の位を授ける」というのである。太政大臣は官であり、太政大臣禪師は位であると言っている。官には一定の職掌があるが（太政大臣には令に職掌の規定が見えないが）、位には職がともなわないとの理由であろうか。

律令用語としては、「授位任官」が一般的で「授官」とは言わなかったが、その理由についてはすでに触れた通りである。

しかし、義務・責務とともに与える「授」は、官を与える場合の用語としてふさわしくも思われる。宣命に「官を授ける」という例が幾個か見られるのはそのためであろう。ただ、その場合、官には任期があるから任期が尽きれば去らなければならないことを前提として、任期一杯その官を与える（授ける）ということであろう。すなわち「授㆑官」とは任期を限って官を授与することなのである。

授官は、右の如く任期を限って授けることと考えてみたのであるが、天智紀八年十月庚申条には、天皇遣二東宮大皇弟於藤原内大臣家一。授三大織冠與二大臣位一。（天皇、東宮大皇弟《ひつぎのみこ》を藤原内大臣の家に遣《つかは》して、大織冠《だいしきのかうぶり》と大臣《おほおみ》の位《くらゐ》とを授く。）

とあって、授けたのは大織冠（冠位）と大臣位であるという。ここでも大臣（官）ではなくて、大臣位を授けたという。その意味するところを的確に説明できないのは残念であるが、ともかく、官を授けるとは原則として言わず、その場合には官＋位と表現したようである。その官に就くにふさわしい位階を授けるということであろうか。以上、「授」の意味・用法ついて考察したから、次にはそれとよく似た語「賜」について考えてみよう。

3　「賜」について

『広辞苑』で、「賜」を引くと、

たま・う《タマフ》【給ふ・賜ふ】[一]《他四》目上の者から下の者に与える。お与えになる。くだされる。

とあるが、これによると、「さずく」（目上の者から目下の者に与える。取らす）との違いは、まったくないと言ってよいほどよく似た語ということになる。では「賜」と「授」の二語は、どのように違うのであろうか。

この点を考える手懸りとなるのが、先掲持統紀三年閏八月丁丑条の記事である。

以二浄広肆河内王一爲二筑紫大宰帥一。授二兵仗一及賜レ物。（浄広肆河内王を以て、筑紫大宰帥と為す。兵仗を授けたまひ物を賜ふ。）

持統朝における大宰帥の職掌は明確でないが、大宝・養老令制下のそれと大差ないものであったと推測されよう。とすれば国防・外交のことは、その主要任務である。「兵仗」は、その国防の任を果すために与えたのであり、河内王は、この「兵仗」をもって国防の任を果すことを義務として負わされたのである。大宰帥には国防・外交の他に九国三嶋を総管するという重責もある。それらの重責に任ずる労を犒《ねぎら》うために物を賜うのであり、これには「授ける」場合と違って何等の義務もともなわない、まったくの恩賜であると考えられる。

すなわち「賜」も「授」も、ともに目上の者から目下の者に与えることであるが、与えることに何等かの義務をともなうか否かに両者の相違があると推知すべきであろう。

「賜」と「授」の違いを上記のように推測したうえで、二語の実例について考えてみよう。

(1)「賜衣」と「授衣」

饗二公卿等一。仍賜二衣裳一。（公卿《まへつきみたち》等に饗《あへ》たまふ。仍《よ》りて、衣裳《きもの》賜ふ。）（持統紀六年正月癸酉条）

凡大学国学生。毎レ年……九月放二授衣假一。（凡そ大学国学生は、年毎《としごと》に……九月に授衣《じゆえ》の假放《いとまゆる》せ。）（学令）

前者は公卿等を饗し、そこで衣裳を賜うのであるから、恩賜であり、何も義務・責務を負わされることはないと見るべきである。後者の「授衣假」について、『律令』（日本思想大系3）の頭注には、「冬服を受けるための休暇」とあるが、いったい学生は冬服を受けるために何処へ出頭したのであろうか。休暇を必要とするほど遠方なのであろうか。「授衣假」とは、元来、学生は冬服を官給されたが、やがて各人が調達することとなり、官給は停止された。その代りに学生に冬服の準備をするための休暇を与えることとなった。それが「授衣假」なのであろう。「授衣」はもと学生に冬服を官給することであり、学生はそれを着用して勉学に励む義務を負うのである。

(2)「賜田」と「授田」

前者は別勅によって賜う田地で輸租田。田主は賜田を賃租して地子率十分の二の賃租料を得た。賜田は学芸・戦功・政績・奉使などに対する褒賞が多く、田主には何等の義務も課せられなかった。後者の「授田」の用例は、田令には見える。すなわち「田令授田条」に、「凡授レ田、先課役、後不課役、先無、後少、先貧、後富」（凡そ田を授《たま》はむことは、先《ま》づ課役《くわやく》に、後に不課役に。先づ無きに、後に少《すくな》きに。先づ貧しきに、後に富めるに）とある。その場合、受田者は当然ながら輸租の義務を負うが、受田者が課丁であれば、租以外に調・庸・雑徭・兵役などの義務（公民としての義務）を負わなくてはならない。「授田」とは、授田者たる国家と受田者たる農民との間に、口分田の授受を介して諸税の賦課・負担という、権利・義務の関係を取り結ぶ行為に他ならないのである。

以上述べたところによれば、「賜爵」と「授爵」、「賜賞」と「授賞」、「賜餐」と「授餐」のそれぞれの微妙な相違も理解されるであろう。

4　「王賜」銘鉄剣について

昭和五十一年から翌年にかけて発掘調査された千葉県市原市の稲荷台1号墳から出土した鉄剣に、「王賜云々」の銀象嵌銘のあることが同六十二年に発見されたことは、未だ記憶に新しいところである。この古墳は、同時に出土した須恵器や短甲の形式などから五世紀中葉から後半にかけての築造と推定されている[9]。表面の「王賜」の二字がとりわけ大きく、裏面の文字より上に位置しているのは、この剣が王からの下賜であることを強調したものと推測されている。では、この「王」とは誰であろうか。また、この剣を下賜されたのは誰であろうか。「王」とは『宋書倭国伝』に太祖の元嘉二十年（四四三）遣使奉献した倭王済ではないかとする説がある[10]。済は允恭天皇に比定されているが、近頃允恭の存在に注目すべきだとの説も提示されており[11]、『書紀』も在位四十二年と伝えるなど軽々に看過し得ないものと考えられる。前王珍の時には安東将軍倭国王を認められただけであるが、済は始めて使持節都督倭・新羅・任那・加羅・秦韓・慕韓六国諸軍事を加えられた。また珍王の時には倭隋ら十三人に将軍号が認められたが、済王の時には二十三人が軍郡に除せられたという。済王の時代、宋朝の倭に対する評価が高まったこと（ひいては允恭の国内における権威の向上）が推測される。

次に、稲荷台1号墳の被葬者は誰であろうか。稲荷台1号墳は養老川下流右岸の台地上にある。ここは養老川下流左岸の姉崎を本拠とする上海上《かみつうなかみ》国造の領域と村田川左岸菊間《きくま》台地を本拠とする菊麻国造の領域との中間にあり、いずれに属するかの判断は難しいが、養老川下流右岸、上総国市原郡の海部郷は古代海上交通の要衝であり、対岸の上海上国造は此処を介して大和王権に結びついていたと推測されるから、稲荷台1号墳の被葬者も、どちらかといえば、上海上国造に関係のある人であろう。

その彼が大和の王（倭王済＝允恭か）から鉄剣を下賜されて、在地支配権を承認されたのであろう。彼はそのことを鉄剣に銘記し、その権威を人びとに誇示したのである。銘に「王賜」とあって、「王授」とないことは、王がこの剣を与えて何等かの義務を課したのではなく、王が恩恵として（在地首長権の承認）、この剣を賜与したことを示している。彼がこの剣をどう利用しようと、それは彼の自由なのである。それこそが「賜」の本義というべきであろう。成務紀五年九月条に「令㆓諸国㆒。以国郡立㆓造長㆒。県邑置㆓稲置㆒。並賜㆓盾矛㆒。以爲㆑表（諸国に令《のりごと》して、国郡《くにこおり》に造長《みやつこおさ》を立て、県邑《あがたむら》に稲置《いなき》を置《た》つ。並《ならび》に盾矛《たてほこ》を賜ひて表《しるし》とす。）」とあるのが参考となろう[12]。

このように見てみると、本来「授ける」にふさわしい武器・刀剣も「賜う」ことがあったことがわかる。類例を二、三あげてみよう。

(1)　高御産巣日神。天照大御神。……以㆓天之麻迦古弓。天之波波矢㆒。賜㆓天若日子㆒而遣。（高御産《たかみむ》巣《す》日神《ひのかみ》、天照大御神《あまてらすおほみかみ》。……天之麻迦古弓《あめのまかこゆみ》、天之波波矢を以て、天若日子に賜ひて遣はしき。）

（『記』上巻）（「神代紀下」もほぼ同じ）

(2)（百済）末多王……使レ王二其国一。仍賜二兵器一幷遣二筑紫国軍士五百人一。衛二送於国一。（（百済の）末《ま》多王《たおう》……其の国に王《こきし》となら使《し》む。仍りて兵器《つはもの》を賜ひ、幷《あは》せて筑紫国《つくしのくに》の軍士《いくさ》五百《いほ》人《たり》を遣して、国に衛《まも》り送らしむ。）（雄略紀二十三年四月条）

(1)は大国主（大己貴）神と国譲りの交渉をさせるため天若日子（天稚彦）を葦原中国へ派遣するさい弓矢を賜ったという。「授ける」とないのは、弓矢の使用（武力討伐）を義務づけなかったからで、平和裡に交渉を成功させればよし、万一トラブルが起きて必要とあらば使いなさいということで賜与したのであろう。

(2)は百済の文斤王の没後、雄略天皇は昆支王の第二子末多王を国王とし、兵器を賜い、五百人の兵士をして本国に衛送させたという。本国で末多王を認めぬ者が反抗するかも知れない。その時は賜った兵器をもってそれを討つがよかろうというので賜与したのであり、その兵器の使用を予め義務づけたわけではないから、「授」と言わず「賜」と言ったのであろう。

5　「玉主」の訓み

『万葉集』の巻第四の六五二番歌は、次の通りである。

玉主尓　珠者授而　勝且毛　枕与吾者　率二将宿（玉主に　珠は授けて　かつがつも　枕と吾は
いざ二人寝む）

冒頭の「玉主」については、「タマヌシ」と訓む説と「タマモリ」と訓む説と二説あるが未だ孰れを是とするか決着を見ていないようである。[13] これについて沢瀉久孝『万葉集注釈』は、次のように述べる。

「玉主」を類（類聚古集）にタマシヒとしたのは問題にならない。古（古葉略類聚鈔）、紀（紀州本萬葉集）にタマヌシとあり、西（西本願寺本萬葉集）はタマの下に青ヌシ欤とし、左に墨モリィとあり、陽（陽明文庫本萬葉集）は「主」の右の訓を欠き、京大本など青モリとしその右に赭ヌシとしモリに消すしるしをつけてをり、版本はモリとなってゐる。以上記したところでもこの訓を古人も決しかねてゐた事が推察せられ、ヌシが古いともモリが新しいともいひかね、両訓が行はれてゐたやうに、今も断定が困難に思はれる。しかし、ヌシの例としては「大来《オホク》目《メ》主《ヌシ》」（十八・四〇九四）の如きがあり、文字に即した訓のやうに思はれるけれど、「山主」を「山守」と同じくヤマモリと訓んだと思はれる例が前（三・四〇一）にあり、しかもそれがこの作者と贈答した駿河麻呂の作中のものである事は、今の訓を考へる上に役立つものと思はれる。それに玉の所有者を「玉ぬし」といふ事は尤もなやうに考へられるが、それは「ぬしある花」などいふ言葉に馴れ親しんだ後世の人の解釈であって、萬葉ではさういふ意味には使はれてゐないのではなからうか。

「ぬし」は右の「大来目主」の用例でもわかるやうに、あるじ、主君などいふ意味で、ここはやはり「山守」や「道守《ミチモリ》」（五四三）と同じくタマモリと訓み、代匠記に「玉もりは、玉を預りてまもるものをいふ。」とあるによるべきものかと思ふ。しかもその玉は作者の娘であり、玉守はその夫たるべき人であるが、その人を「ぬし」と云はずに「もり」と云ったところに当時の男女関係に於ける考へ方があったと云へないであらうか。さてその玉守に吾がいつくしむ娘である玉は授けて、と云つた。

（筆者注）ここで参考のため四〇一・四〇二の歌を引用しておく。

大伴坂上郎女宴㆓親族㆒之日吟謌一首

401「山守」のありける知らにその山に標結《しめゆ》ひ立てて結ひの恥しつ

大伴宿禰駿河麻呂即和歌一首

402「山主」はけだしありとも吾妹子が結ひけむ標を人解かめやも

右は穏当な説と思われるが、ここで、上来の考察を踏まえて私見を述べてみたい。

「玉主」は大伴家持、「珠」は大伴坂上大嬢、「授」けるのは、この歌の作者で、家持の叔母、大嬢の母大伴坂上郎女である。その郎女が、わが娘を「珠」に譬えて、「玉主」（家持）に「授ける」と歌っているのである。当然のことながら、家持は郎女に対して大嬢を愛し、大事にすることを義務として負わされるのである。この時代の男女（夫妻）の関係は、封建時代のそれのように男（夫）が女

(妻)を所有し支配するようなものではなく、ほぼ対等か、場合によっては女性上位のことさえあったと思われる。そのような時代にあって「珠」に譬えられた大嬢を授けられた「玉主」(家持)は文字通り「玉主」(玉の所有者)であり得たであろうか。郎女は勿論それを許すまい。彼女は家持が大嬢を慈しみ愛護することを強く期待して「授けた」ことであろう。こう考えるなら、「玉主」を「タマモリ」と訓む方が穏当であると言えるのではなかろうか。「授く」の本義からは、「玉主」は「タマモリ」と訓むべきだと結論せざるを得ないのである。

注

(1) 笹山晴生『日本古代衛府制度の研究』所収「中衛府の研究」「授刀舎人補考」などの諸論文、および林陸朗『上代政治社会の研究』所収「皇位継承と親衛隊」。
(2) 『国史大辞典12』ほうおう(法王)の項。
(3) 同右9　だじょうだいじんぜんじ(太政大臣禅師)の項。
(4) 同右8　だいじんぜんじ(大臣禅師)の項。
(5) 同右12　ほうしん(法臣)の項。
(6) 同右12　ほうさんぎ(法参議)の項。なお『続日本紀索引』(吉川弘文館)は法王・太政大臣禅師・法臣・法参議を孰れも「官職名」の部に掲出する。
(7) 『新訂増補国史大系23令集解前篇』四〇六～四〇七頁。
(8) 金子武雄『続日本紀宣命講』二九六頁。
(9) 稲荷台1号墳および出土鉄剣銘については、『国史大辞典9』「古代の鉄剣銘」、および前之園亮一氏の談話に依った。

(10) 前之園亮一「空白の五世紀『王賜』鉄剣は何を語るか」（松尾光『古代史はこう書き変えられる』）。

(11) 同「五世紀の日本と新羅の短い春」（ＮＨＫ学園通信講座機関誌「れきし」39号）。

(12) 身分の表徴として武器を賜った例としては、天智紀三年二月条に「其大氏之氏上賜二大刀一。小氏之氏上賜二小刀一。（其の大氏の氏上には大刀を賜ふ。小氏の氏上には小刀を賜ふ。）」がある。「王賜」銘剣も、これと同様の性格のものであろう。

(13) いま手許にある僅かな蔵書によっても「たまぬし」と訓むもの『角川文庫本』『岩波日本古典文学大系本』、「たまもり」と訓むもの『万葉集年表』『沢瀉万葉集注釈』『小学館日本古典文学全集本』『新潮日本古典集成本』がある。

（原題「古代史雑考二題――「授刀」と「掃守」――」『学習院大学文学部研究年報』四一、一九九四年）

あとがき

陋屋《ろうおく》の狭小な書斎の壁には恩師故坂本太郎先生からいただいた色紙の額が掛けてある。色紙には「学者如登山」と揮毫されている。これは生来怠惰な私に先生が与えられた戒飭《かいちょく》の言であろう。近ごろ、私は日夜この色紙を仰ぎ見て誡とするようになった。

さて、前著（『律令国家成立史の研究』吉川弘文館刊）を世に問うてから、早くも十数年が経過した。その間、不慮の大病を患い、一年に及ぶ入院生活、退院後の長期にわたる療養生活を余儀無くされ、加えて重い後遺症に悩まされる身となった。

そこで、当然ながら、教壇からも研究生活からも遠ざかることとなった。以来、体力の回復に努めながら、徐ろに職場復帰を果そうと試みた。まず、週一コマ担当から始め、逐年持ちゴマを漸増し、平成六年度からはようやく専任のノルマ四コマを担当するようになった。職場復帰への足取と並行して研究生活も徐々に再開され、平成五年ころからは論文執筆に取り掛かるようにもなった。同年執筆作成し、翌六年に出版された「古事記の天皇像」（『古事記研究大系6』所収）は、小さなものを除けば、本格的な復帰第一作であった。ここに至るまでは、思えば、長く険しい道程であった。こうして、研究生活への復帰もようやく軌道にのったことを実感できるようになった。

今春、復帰第二作（「古代史雑考二題」）の抜刷を佐伯有清氏にお送りしたところ、前著以降発表の諸論考を一本に纏めてはとのお勧めをいただいた。そこで、前著以降発表したものを点検したところ十篇ばかりあることが判明した。それらの諸作はおおむね前著以降、発病以前に発表されたものであり、したがって、それらを一本に纏めることは、発病以前の研究を総括することにもなり、同時に研究再開への踏切板ともなろうかと考えて佐伯氏のお勧めをお請けすることとした。

さっそく、佐伯氏の御周旋により吉川弘文館から出版していただく運びとなった。ここに至るまでの佐伯氏の御高配に衷心より厚く御礼を申し上げるとともに、出版に当って種々お世話をいただいた吉川弘文館の大岩由明氏ならびに上野久子さんにも心から御礼を申し上げます。

平成七年六月三十日

黛　弘　道

『物部・蘇我氏と古代王権』を読む

加藤謙吉

著者黛弘道氏は、一九八二年に『律令国家成立史の研究』を「日本史学研究叢書」の一冊として、吉川弘文館より上梓された。長年にわたり律令制の形成過程のあり様を多方面から追究し、常に日本の古代史研究を牽引されてきた黛氏の主要な研究成果が、この大著にはほぼ余すところなく収められており、四半世紀以上を経た今もなお、黛氏の提示された学説には、定説的見解として研究者に多大な影響を与え続けているものが少なくない。

その黛氏が一九八八年、突然罹病されたことは、古代史学会にとってまさに痛恨の極みであった。大患後、強靭な精神力を発揮して療養とリハビリに努められた黛氏は、本書の「あとがき」でご自身が述べておられるように、見事に職場復帰と研究復帰を果たされた。本書はそのような経緯を経て、一九九五年、『律令国家成立史の研究』以降に発表された氏の論考や講演内容を、一書にまとめられたものである。十三年間の空白期間を経て久々に世に出た黛氏の著書は、それを待望していた我々後進にとって、予想していた以上にはるかに刺激的であり、示唆に富む内容から成っていた。

失礼を顧みず、私流の表現をさせていただくならば、まさに「黛ワールド」の確かな手応えをそこに感じ取ることができた。黛氏の学問の根幹をなすものは、第一に緻密で熟達した史料の分析である。言うまでもなくそれは、氏が鋭意努力して膨大な量の史料に接し、長く研鑽を積むことで、体得された成果にほかならない。しかしそれだけならば、評価は「手堅く合理的で実証性に富んだ研究」といった賛辞にとどまるであろう。黛氏の学説の真骨頂は、そのような前提の上に氏が提起される、柔軟かつ斬新な歴史解釈にある。時にそれは大胆でさえあるが、いったんそれが正当であると確信された場合は、氏は臆することなく、自らの見解を主張される。それが的確な史料分析と相俟って、説得力のあるダイナミックな結論を引き出すことにつながるのである。本書は一貫して平明な文章で記されている。講演の記録を含むため、黛氏が聴衆に直接語りかける形式の叙述も存するが、要を得た分かりやすい説明が随所に加えられており、自由闊達で機知に富んだ氏の人柄を反映して、全体に「黛ワールド」の醍醐味が十分に堪能できる内容となっている。以下、順を追って本書の紹介を行い、私の所感を簡単に述べてみたい。

序の「古代王権の成立」では、松江市の岡田山一号墳出土の大刀銘文中の「額田部臣」の氏姓の成立を、大和政権の支配システムと結びつけて論じ、額田部の性格と推古天皇の諱《いみな》の由来、額田部の設置時期とその分布状況、額田部・私部を財源とする推古の資産と蘇我氏の支援体制などの問題に言及する。そして欽明天皇の磯城嶋金刺宮《しきしまのかなさしのみや》のお膝元である大和国の磯城郡・十市郡（旧ヤマト）や高市郡に、全国の旧国名が集中的に存する事実に着目して、欽明王権によって全国統一がほぼ完了したと説く。無理のない妥当な見解であるが、黛氏が指摘された大和における七道諸国の国名の残存の事実は、大和政権の統一国家形成の進捗をうかがう上で極めて重要な意味を持つとみられる。王権と地方豪族の関係は、古代政治史上の主要テーマとしてこれまで幾度となく取り上げられてきたが、黛氏の指摘を踏まえて、今日的な視点からさらにこの問題を洗い直してみることが必要となろう。

第Ⅰ章「記紀の天皇像と氏族」は、『『古事記』の天皇像』と『『日本書紀』の編纂と古代氏族』の二節から成る。前節では『古事記』に見える「天神御子《あまつかみのみこ》」が「日神之御子」と同義で、天皇の属性を示す語であるとして、かかる天皇観は六世紀後半以降の日神信仰の昂揚期に創出されるが、開皇二十年の隋への遣使によって中国の「天子」思想を知った倭は、天帝を天照大神（日神・天神）と位置づけ、天子（天帝の子）である倭王の日本語訳として呪的・宗教的性格の濃い「天神御子」を考案したとする。「現人神」思想の形成と絡めて、天皇像の原形の成立過程が、独自の視点から論じられており、興味深い。後節では養老六年に穂積朝臣老が「乗輿を指斥」し、佐渡に配流された事件の真相を検討し、それを事件の一年半ほど前に奏進された『日本書紀』の穂積氏関係記事の不当な評価に対する老（穂積氏族長）の公憤による天皇批判であると推断する。正史である『書紀』に掲げる氏族伝承や関連記事が、当該氏族にとって現実面で絶対的な重みをなしたことは、『高橋氏文』や『古語拾遺』、

『新撰姓氏録』などの記述に照らして明白である。『書紀』にどのように扱われるかが、その後の政界における氏族の地位を左右することになるのである。老の天皇批判は、黛氏の説くような理由でなされたと見て、おそらく間違いなかろう。

第Ⅱ章「物部氏の伝承と蘇我氏」は、本書の中心をなす物部・蘇我両氏に関する論考を収める。第一節「物部氏と海部――古代の航海――」は、「天神本紀」の伝承中に、物部氏の祖、饒速日尊《にぎはやひのみこと》の天降りに従った船長・梶取・船子とされる一群の人名について検討を行い、彼らが実際に物部氏とかかわる航海民や船の修理、船帆の作成や船内での鍛冶にあたった技術者たちから成り、分布地域も相互に関連する事実をあげて、饒速日尊の天降神話が航海民の関与を前提とする一定の史実を踏まえた伝承であると推定される。第二節「物部氏と大王家の降臨伝承」は第一節の続編をなすもので、饒速日尊の天降と東遷の伝承について分析し、「天神本紀」に船長・梶取とされるアト氏が、その分布などから推して、航海との関連が深いこと、天物部とされる者の名に九州とかかわる者が多く、北九州が物部氏の地盤の一つとみられること、瀬戸内海航路の要衝に物部氏の分布が認められることなどに基づき、アト氏を船長とする集団を擁して、物部氏の中心勢力が東遷する事実があったのではないかとされる。物部氏だけが大王家と並び降臨伝承を持つことについては、大和政権下での一時期の物部氏の政治力の反映と解する説が一般的であるが、黛氏はさらに一歩進めて、この氏の九州からの東方移動という状況を大胆に想定される。その是非についてはさらに検討を重ねる必要があるが、物部氏の勢

（ご注意）

・この用紙は、機械で処理しますので、金額を記入する際は、枠内にはっきりと記入してください。また、本票を汚したり、折り曲げたりしないでください。

・この用紙は、ゆうちょ銀行又は郵便局の払込機能付きＡＴＭでもご利用いただけます。

・この払込書を、ゆうちょ銀行又は郵便局の渉外員にお預けになるときは、引換えに預り証を必ずお受け取りください。

・ご依頼人様からご提出いただきました払込書に記載されたおところ、おなまえ等は、加入者様に通知されます。

・この受領証は、払込みの証拠となるものですから大切に保管してください。

収入印紙
課税相当額以上
貼　　付

印

この用紙で「本郷」年間購読のお申し込みができます。

◆この申込票に必要事項をご記入の上、記載金額を添えて郵便局でお払込み下さい。

◆「本郷」のご送金は、４年分までとさせて頂きます。

この用紙で書籍のご注文ができます。

◆この申込票の通信欄にご注文の書籍をご記入の上、書籍代金（本体価格＋消費税）に荷造送料を加えた金額をお払込み下さい。

◆荷造送料は、ご注文１回の配送につき380円です。

◆入金確認まで約７日かかります。ご諒承下さい。

振替払込料は弊社が負担いたしますから無料です。

※領収証は改めてお送りいたしませんので、予めご諒承下さい。

お問い合わせ　〒113-0033・東京都文京区本郷７—２—８
吉川弘文館　営業部
電話03-3813-9151　FAX03-3812-3544

この場所には、何も記載しないでください。

払込取扱票

02 東京

通常払込料金加入者負担

口座記号番号	金額	料金	備考
00100-5-244	千 百 十 万 千 百 十 円 ※		

加入者名　株式会社　吉川弘文館

各票の※印欄は、ご依頼人において記載してください。

ご依頼人・通信欄
- フリガナ
- ※お名前
- 郵便番号　電話
- ※ご住所
- ※

◆「本郷」購読を希望します

購読開始　　号より

1年 1000円（6冊）　3年 2800円（18冊）
2年 2000円（12冊）　4年 3600円（24冊）
（ご希望の購読期間に○印をお付け下さい）

日附印

裏面の注意事項をお読みください。(ゆうちょ銀行)（承認番号東第53889号）

これより下部には何も記入しないでください。

切り取らないでお出しください。

記載事項を訂正した場合は、その箇所に訂正印を押してください。

振替払込請求書兼受領証

口座記号番号	00100-5-244	通常払込料金加入者負担

加入者名　株式会社　吉川弘文館

金額　千 百 十 万 千 百 十 円 ※

ご依頼人　おなまえ ※　様

料金

日附印

備考

この受領証は、大切に保管してください。

料金受取人払郵便

本郷局承認

8761

差出有効期間
平成29年7月
31日まで

郵便はがき

113-8790

251

東京都文京区本郷7丁目2番8号

吉川弘文館 行

愛読者カード

本書をお買い上げいただきまして、まことにありがとうございました。このハガキを、小社へのご意見またはご注文にご利用下さい。

お買上 **書名**

＊本書に関するご感想、ご批判をお聞かせ下さい。

＊出版を希望するテーマ・執筆者名をお聞かせ下さい。

お買上 書店名	区市町	書店

◆新刊情報はホームページで　http://www.yoshikawa-k.co.jp/

◆ご注文、ご意見については　E-mail:sales@yoshikawa-k.co.jp

ふりがな ご氏名		年齢　　歳　男・女
〒□□□-□□□□		電話
ご住所		
ご職業	所属学会等	
ご購読 新聞名	ご購読 雑誌名	

今後、吉川弘文館の「新刊案内」等をお送りいたします(年に数回を予定)。
ご承諾いただける方は右の□の中に✓をご記入ください。　□

注文書

月　　日

書　名	定　価	部　数
	円	部
	円	部
	円	部
	円	部
	円	部

配本は、○印を付けた方法にして下さい。

イ．下記書店へ配本して下さい。

（直接書店にお渡し下さい）

－(書店・取次帖合印)－

書店様へ＝書店帖合印を捺印下さい。

ロ．直接送本して下さい。

代金（書籍代＋送料・手数料）は、お届けの際に現品と引換えにお支払下さい。送料・手数料は、書籍代計1,500円未満530円、1,500円以上230円です（いずれも税込）。

＊お急ぎのご注文には電話、FAXもご利用ください。
電話 03－3813－9151(代)
FAX 03－3812－3544

力が北九州から瀬戸内海航路に沿って展開するという氏の指摘は正鵠《せいこく》を射たもので、全国的に関係者の分布が認められる巨大氏族物部氏の実態を、その本拠地の問題とあわせてどのように理解するかが、今後の物部氏研究の最大の課題となろう。

第三節「蘇我氏と古代王権」は、蘇我氏の出自や動向、大王家との関係などを、分かりやすく概説する。黛氏は日野昭・志田諄一・門脇禎二らの諸氏とともに、戦後の蘇我氏研究をリードされた先駆者の一人であるが、本節の内容については、一九六八年発表の「ソガおよびソガ氏に関する一考察」(『律令国家成立史の研究』所収)に詳しく論述されている。第四節「蘇我氏の出身地」は、その論考で提示した蘇我氏河内石川本貫説を、新たな視点から補強されたものである。蘇我氏の枝氏の分立の時期やその本貫地について検討し、稲目以後の枝氏が多く、稲目以前の枝氏は高向・川辺の二氏のみであること、枝氏の本貫地は大和国高市郡近辺に集中し、高向・川辺両氏だけが河内であることなどを指摘し、これらの事実は、河内石川を本貫とした蘇我氏の勢力が微弱で二氏しか枝氏を分出できなかったのに、その後強大となり、本貫を大和に移すに及んで、枝氏を多数創始したためであるとする。黛氏の解釈に対して、私は蘇我氏が大和葛城に起こり、後に大和高市郡や河内石川地方に進出したと考えており、氏の説とは立場を異にするが、河内石川が蘇我氏や枝氏の重要な拠点であったことは紛れもない事実である。黛説が今後も発展的に継承され、検討の対象とされるべき有力な学説であることは、言を俟たない。

第Ⅲ章「子代名代の部と掃守」は、第一節「東国と大王家」で、子代・名代の設置期と分布地域をもとに、雄略の時代から大王家の経済的・軍事的基盤が西国より東国へ移る事実を指摘し、雄略を古代の画期的な大王として位置づける。東国には大王家が最初に進出し、大臣大連ら諸豪族がこれに続いたとし、東国を指すアヅマの呼称が「辺鄙《へんぴ》な土地」を意味し、時代とともにその範囲が東へ移動する事実や、関東（坂東）では毛野文化圏と大和の文化を受けた文化圏に二分されることなどを説かれる。豊富な史料に裏付けられた論拠は明快であり、奈良時代の天皇家を女系で遡ると、雄略が確実な初代の天皇になるという指摘など、注目すべき見解が認められる。第二節「掃守と掃守氏の実像」では、「掃守（カニモリ）」の原義が「神守（カムモリ）」であり、令制掃部司・内掃部司の伴部の「掃部」の職掌には神事への奉仕が含まれるが、神主との混同を避けるために、祭祀の場（壇所《かむにわ》）の洒掃・鋪設を担当する意の「掃守」の字を用いたとし、さらに「掃部」の負名氏である掃守氏についても考察する。カニモリの語源を神事と結びつけて、独自の視点から追究された好論である。

第Ⅳ章「律令政治の運営と官人」は「漢字の習得と政治の運営」「太安万侶の墓誌と『続日本紀』」「授刀小考」の三節から成る。第一節では、日本における漢字の受容と識字層の拡がりの過程が簡潔にまとめられており、第二節では太安万侶の墓誌について、卒日や埋葬日をめぐる『続日本紀』との日付のずれの問題や、安万侶が勲五等を貰った時期を細かく考察される。叙勲を大宝二年の隼人征討や壬申の乱の戦功に求める説に対して、これを和銅二年の蝦夷征討によるものとし、安万侶がこの時の陸奥鎮東副将軍であったと断じたことは明察であり、従うべき見解と思われる。第三節では「授刀舎人」はタチハキノトネリではなくジュタウノトネリと訓むべきで、「授」という行為には、授与物を媒介として、授与者と被授者の間に一種の契約関係が結ばれているとし、さらに「授」や「賜」の意味や用法について検討される。先入観に基づく訓読を排除し、語義に従って厳正に判断すれば、黛氏のように解釈するのがもっとも妥当と思われる。

以上、舌足らずの拙い解説に終わり、黛氏の学説の魅力を十分に伝えることができたかどうかははなはだ心許ないが、古代史の実像に様々な切り口から鋭く迫った本書は、一般の歴史愛好家にとっても最適の入門書となろう。黛氏は本年四月、数え年八十歳で、傘寿の賀を迎えられた。大病を克服された氏のさらなるご活躍を祈念しつつ、筆を擱くこととしたい。

〈二〇〇九年三月〉

（かとう・けんきち　成城大学・中央大学兼任講師）

＊本書は、一九九五年（平成七）に、吉川弘文館より初版第一刷を刊行したものの復刊である。

著者略歴
一九三〇年　群馬県に生まれる
一九五八年　東京大学大学院博士課程単位取得退学
元学習院大学教授、文学博士
二〇一〇年　没

〔主要著書〕
古代学入門　古代史を彩る女人像　律令国家成立史の研究

歴史文化セレクション

物部・蘇我氏と古代王権

二〇〇九年（平成二十一）四月二十日　第一刷発行
二〇一六年（平成二十八）三月二十日　第二刷発行

著　者　黛《まゆずみ》　弘《ひろ》道《みち》
発行者　吉　川　道　郎
発行所　株式会社　吉川弘文館
郵便番号一一三—〇〇三三
東京都文京区本郷七丁目二番八号
電話〇三—三八一三—九一五一〈代表〉
振替口座〇〇一〇〇—五—二四四番
http://www.yoshikawa-k.co.jp/

印刷＝株式会社 理想社
製本＝誠製本株式会社
装幀＝清水良洋

ISBN978-4-642-06349-4

歴史文化セレクション

発刊にあたって

悠久《ゆうきゅう》に流れる人類の歴史。その数ある文化遺産のなかで、書物はいつの世においても人びとの生活に潤《うるお》いと希望、そして知と勇気をあたえてきました。この輝かしい文化としての書物は、いろいろな情報手段が混在する現代社会はもとより、さらなる未来の世界においても、特にわれわれが守り育て受け継がなければならない、大切な人類の遺産ではないでしょうか。

文化遺産としての書物。この高邁《こうまい》な理念を目標に、小社は一八五七年(安政四)の創業以来、専《もっぱ》ら日本史を中心とする歴史書の刊行に微力をつくしてまいりました。もちろん、書物はどの分野においても多種多様であり、またそれぞれの使命があります。いつでも購入できるのが望ましいことは他言を要しませんが、おびただしい書籍が濫溢《らんいつ》する現在、その全てを在庫することは容易ではなく、まことに不本意な状況が続いておりました。

このような現況を打破すべく、ここに小社は、書物は文化、良書を読者への信念のもとに、新たに『歴史文化セレクション』を発刊することにいたしました。このシリーズは主として戦後における小社の刊行書のなかから名著を精選のうえ、順次復刊いたします。そこには、偽《いつわ》りのない真実の歴史、魅力ある文化の伝統など、多彩な内容が披瀝《ひれき》されています。いま甦《よみがえ》る知の宝庫。本シリーズの一冊一冊が、現在および未来における読者の心の糧《かて》となり、永遠の古典《クラシック》となることを願ってやみません。

二〇〇六年五月

吉川弘文館

◇歴史文化セレクション

古代住居のはなし　石野博信著　二二〇〇円

邪馬台国と倭国　古代日本と東アジア　西嶋定生著　二五〇〇円

古事記の世界観　神野志隆光著　一七〇〇円

伊勢神宮の成立　田村圓澄著　二二〇〇円

物部・蘇我氏と古代王権　黛　弘道著　一九〇〇円

古代を考える　蘇我氏と古代国家　黛　弘道編　二四〇〇円

飛　鳥　その光と影　直木孝次郎著　二四〇〇円

飛鳥・白鳳仏教史　田村圓澄著　四七〇〇円

帰化人と古代国家　平野邦雄著　目下品切中

神話と歴史　直木孝次郎著　二三〇〇円

奈良の都　その光と影　笹山晴生著　二三〇〇円

宮都と木簡　よみがえる古代史　岸　俊男著　二二〇〇円

古代東北史の人々　新野直吉著　一九〇〇円

古代蝦夷　工藤雅樹著　二四〇〇円

古代蝦夷を考える　高橋富雄著　二三〇〇円

田村麻呂と阿弖流為《あてるい》　古代国家と東北　新野直吉著　一八〇〇円

空　海　生涯とその周辺　高木訷元著　目下品切中

王朝のみやび　目崎徳衛著　二三〇〇円

王朝貴族の病状診断　服部敏良著　目下品切中

奥州藤原氏　その光と影　高橋富雄著　二一〇〇円

日本中世の国家と仏教　佐藤弘夫著　二四〇〇円

◇歴史文化セレクション

鎌倉時代 その光と影　上横手雅敬著　目下品切中

中世 歴史と文学のあいだ　大隅和雄著　二三〇〇円

中世 災害・戦乱の社会史　峰岸純夫著　二三〇〇円

室町戦国の社会 商業・貨幣・交通　永原慶二著　二三〇〇円

戦国のコミュニケーション 情報と通信　山田邦明著　二三〇〇円

中世の神仏と古道　戸田芳実著　二一〇〇円

子どもの中世史　斉藤研一著　二三〇〇円

中世の葬送・墓制 石塔を造立すること　水藤　真著　一九〇〇円

信長と石山合戦 中世の信仰と一揆　神田千里著　二〇〇〇円

近世農民生活史 新版　児玉幸多著　目下品切中

赤穂四十六士論 幕藩制の精神構造　田原嗣郎著　一八〇〇円

江戸ッ子　西山松之助著　一七〇〇円

江戸の町役人　吉原健一郎著　一七〇〇円

江戸の禁書　今田洋三著　一七〇〇円

江戸歳時記　宮田　登著　一七〇〇円

江戸の高利貸 旗本・御家人と札差　北原　進著　一七〇〇円

江戸上水道の歴史　伊藤好一著　一七〇〇円

日本開国史　石井　孝著　二八〇〇円

戊辰戦争論　石井　孝著　二九〇〇円

明治維新の再発見　毛利敏彦著　一九〇〇円

近代天皇制への道程　田中　彰著　二三〇〇円

◇歴史文化セレクション

天皇・天皇制・百姓・沖縄 社会構成史研究よりみた社会史研究批判
安良城盛昭著 三八〇〇円

若き特攻隊員と太平洋戦争 その手記と群像
森岡清美著 二四〇〇円

国家神道と民衆宗教
村上重良著 〈僅少〉二三〇〇円

神と仏と日本人 宗教人類学の構想
佐々木宏幹著 一九〇〇円

柳田国男の民俗学
福田アジオ著 目下品切中

雑穀の社会史
増田昭子著 三八〇〇円

樹皮の文化史
名久井文明著 三八〇〇円

日本食生活史
渡辺　実著 目下品切中

中国古代の生活史
林　巳奈夫著 二八〇〇円

ローマ帝国論
弓削　達著 三〇〇〇円

ベトナム戦争 民衆にとっての戦場
吉澤　南著 二二〇〇円

仏像の再発見 鑑定への道
西村公朝著 三八〇〇円

肖像画の視線 源頼朝像から浮世絵まで
宮島新一著 二八〇〇円

インド美術史
宮治　昭著 三五〇〇円

インドの神々
斎藤昭俊著 二四〇〇円

ベルニーニ バロック美術の巨星
石鍋真澄著 三三〇〇円

ありがとうジョット イタリア美術への旅
石鍋真澄著 目下品切中

（価格は税別）

吉川弘文館

蘇我蝦夷・入鹿（人物叢書）
門脇禎二著

四六判・一九二頁／一五〇〇円

改新前の悪逆非道の張本とされてきた蝦夷・入鹿の人間像を、七世紀前半～中葉の国政外交等の政治状勢の動向の中に浮彫りにした。飛鳥を中心とした新しい遺跡発掘調査の成果も縦横に駆使し、真の原像を追求した労作。

大化改新と蘇我氏（敗者の日本史）
遠山美都男著

四六判・二八〇頁／二六〇〇円

大臣として実権を握りながら「乙巳の変」で滅亡した蘇我氏本家。勝者の歴史書『日本書紀』は「稀代の逆臣」をいかに創出したのか。稲目・馬子・蝦夷・入鹿ら四代の軌跡を辿り、敗者から見えてくる「大化改新」像に迫る。

大和の豪族と渡来人 葛城・蘇我氏と大伴・物部氏（歴史文化ライブラリー）
加藤謙吉著

四六判・二四〇頁／一七〇〇円

東アジアの大変動期である五・六世紀、朝鮮半島から大勢の渡来人が日本列島に移住してきた。畿内の有力豪族はなぜ彼らと結び付こうとしたのか。渡来系技術者の掌握をめぐる諸豪族の動向を探り、大和政権の実態に迫る。

飛鳥と古代国家（日本古代の歴史）
篠川　賢著

四六判・二九〇頁／二八〇〇円

飛鳥に都がおかれた六、七世紀の日本はいかなる時代だったのか。継体・欽明朝から蘇我氏の台頭、乙巳の変、壬申の乱をへて藤原京の時代まで、激動する東アジア情勢の中で古代国家と飛鳥・白鳳文化が形成された実像に迫る。

（価格は税別）

吉川弘文館